Christel Dhom

Hüpf- und Murmelspiele

Christel Dhom

Hüpf- und Murmelspiele

Verlag Freies Geistesleben

Christel Dhom, geboren 1960, ist ausgebildete Erzieherin, Waldorfkindergärtnerin und Heilpädagogin. Zunächst war sie als Kindergärtnerin tätig. Seit vielen Jahren arbeitet sie als Handarbeits- und Förderlehrerin an der Freien Waldorfschule Westpfalz in Otterberg.
Darüber hinaus gibt sie Workshops und ist als Dozentin bei Kongressen der Lehrer- und Erzieherfortbildung tätig. Eine weitere Leidenschaft gilt ihrem bereits mit Preisen ausgezeichneten Garten und dem Tanzen.

Im Verlag Freies Geistesleben erschienen u. a. ihre Bücher: *Unser Advents- und Weihnachtsbuch. Ideen für die schönste Zeit des Jahres; Mit Kindern filzen; An die Töpfe, fertig – lecker! Rezepte und Geschichten zum Kochen mit Kindern; Klatschspiele. Reime und Lieder für flinke Hände* und *Fadenspiele. Mit Freude Hände und Gehirn trainieren.*

1. Auflage 2015
Verlag Freies Geistesleben
Landhausstraße 82, 70190 Stuttgart
www.geistesleben.com

ISBN 978-3-7725-2654-1

Fotos: Ramona Lamb-Klinkenberg
Umschlag & Layout: Bonfert & Kafitz
Druck: Gorenjski tisk storitve
Printed in Slovenia

Inhalt

Vorwort

Die gute Nachricht zuerst: Dass Bewegung wichtig ist, wissen inzwischen eigentlich alle. Und nun die schlechte: Aus kinderärztlicher Perspektive könnte man daran verzweifeln, wie viele Stunden Kinder trotzdem täglich sitzend verbringen. Aktuelle Studien belegen immer wieder, dass Kinder und Jugendliche zwar ab und an in der Schule Sport haben, vielleicht nachmittags auch noch zum Fußball oder Ballett gefahren werden, aber eben im ganz normalen Alltag viel zu wenig Bewegung haben. Dabei machen es die Kinder uns doch eigentlich leicht: Säuglinge und Kleinkinder haben einen natürlichen Bewegungsdrang, sie erleben jegliche Bewegung mit großer Freude. Leider ändert sich das in den Folgejahren dramatisch. So bewegen sich heute nur noch fast ein Drittel der 14- bis 17-jährigen Jungs und etwas mehr als die Hälfte der Mädchen in diesem Alter höchstens zweimal in der Woche! Das liegt weit unter der Empfehlung der Weltgesundheitsorganisation (WHO), die Jugendlichen eine körperliche Aktivität von 60 Minuten pro Tag empfiehlt. Die Auswirkungen dieses Mangels an Bewegung sind drastisch: Immer mehr Jugendliche haben Übergewicht, aus dem sich im späteren Leben chronische Krankheiten wie Diabetes oder Bluthochdruck entwickeln können.

Natürlich wird nicht jedes bewegungsarme Kind gleich krank. Trotzdem fehlt bei Bewegungsmangel etwas ganz Wichtiges: Durch Bewegung formen Kinder ihren Körper und blühen dabei in ihrer gesamten Entwicklung auf. Beim Sich-Aufrichten und Laufen-Lernen wird das besonders deutlich. Bewegt sich das Kind, setzen die Knochen Substanz an, die auch die spätere Knochenstabilität positiv beeinflusst.

Am besten ist es natürlich, wenn die Bewegung draußen stattfindet. Diesbezügliche Studien zeigen: Je mehr sich ein Mensch in der ersten Lebenshälfte im Sonnenlicht bewegt, desto mehr solide Knochensubstanz wird für die zweite Lebenshälfte aufgebaut. Außerdem stärkt regelmäßige körperliche Aktivität das Herz-Kreislauf-System. Das Immunsystem profitiert, sodass grippale Infekte kaum noch eine Chance haben. Aber auch manche chronische Krankheiten treten seltener auf. Die seelisch-geistige Entwicklung des Kindes wird gestärkt: «Bewegung fördert nicht nur die Gesundheit. Sie ist für junge Kinder ein wichtiges Mittel, Wissen über ihre Umwelt zu erwerben, ihre Umwelt zu ‹begreifen›, auf sie einzuwirken, Kenntnisse über sich selbst, ihre Fähigkeiten und ihren Körper zu erlangen», sagt das Netzwerk Junge Familien.

Obwohl diese Zusammenhänge inzwischen gut bekannt sind, tut sich wenig. Unsere Kinder wachsen zunehmend in Städten auf, wo es – trotz mancher Spielplätze – immer weniger Raum zum Rennen, Laufen, Toben gibt. Dafür nimmt der Medienkonsum dramatisch zu. Natürlich müssen wir uns auch an die eigene Nase fassen: Sind wir den Kindern ein gutes Vorbild, wenn es darum geht, das Auto mal stehen zu lassen und Ausflüge bewusst mit dem Rad oder zu Fuß zu planen? Angst brauchen die Eltern nicht zu haben: Schon das kleine Kind wächst an und mit seinen (körperlichen) Aufgaben. Es muss nicht ständig ermahnt, behütet und in Watte gepackt werden. Dramatisch unterschätzt werden hingegen die langfristigen

gesundheitlichen Risiken, die durch Bewegungsmangel und Fettleibigkeit entstehen.
Es ist einfach so: In den ersten Jahren ist es vor allem Aufgabe der Eltern, Zeit und Raum für die gemeinsame Bewegungskultur zu schaffen. Damit beginnt man am besten ganz früh, wenn die Kinder noch klein sind. Hier ist kein übertriebener Ehrgeiz gefragt, sondern einfach der spielerische Umgang mit Laufen, Hüpfen, Klettern oder Ballspielen. Wenn es ganz selbstverständlich ist, dass in der Familie Sport gemacht wird, macht es allen Spaß und ist fester Bestandteil des Familienlebens. Der Vorteil: Dadurch ergibt sich eine gewisse Routine, sodass das Thema Bewegung nicht ständig neu diskutiert werden muss, wenn die Kinder etwas älter (und weniger bewegungsfreudig) werden …
Spielerisch Bewegung lernen – dafür lassen sich gerade kleine Kinder sehr schnell begeistern. Dazu kann dieses Buch gute Anregungen geben. Alles, was es dazu braucht, sind ein paar Murmeln, ein Stück Kreide für Himmel und Hölle oder ein Hüpfgummi … Und natürlich ein bisschen Zeit und Motivation – und gute Ideen. Davon bietet dieses Buch jede Menge.

Prof. Dr. med. Alfred Längler

Alfred Längler ist Leitender Arzt der Abteilung Kinder- und Jugendmedizin am Gemeinschaftskrankenhaus Herdecke und hat an der Fakultät für Gesundheit der Universität Witten/Herdecke die Professur für integrative Kinder- und Jugendmedizin inne. Er ist Autor und Herausgeber zahlreicher Bücher und wissenschaftlicher Publikationen.

Zum Geleit

Es war an einem langweiligen, nasskalten Novembertag. Irgendwie war gerade keiner zum Spielen da, und ich hatte zu nichts so richtig Lust. Ich fragte meine Mutter, ob ich auf den Speicher dürfe. Da gelangweilte Kinder zuweilen auch recht anstrengend sein können und Eltern an nasskalten Novembertagen auch nicht immer in der Stimmung sind, sie zu beschäftigen, willigte meine Mutter schnell ein.

Unser Dachboden war das reinste Kinderparadies. Alles, was seit Generationen an Möbeln, Kleidungsstücken und anderen Utensilien nicht mehr gebraucht wurde, aber zum Wegwerfen zu schade war, fand dort einen Platz, um irgendwann wieder aus seinem Dornröschenschlaf geweckt zu werden.

So kam es, dass ich an jenem Nachmittag dort einen Holzteller mit gleichmäßig verteilten Vertiefungen, die mit Zahlen versehen waren, und einen dazugehörigen Kreisel fand. Zunächst konnte ich nichts damit anfangen. Aber mein Großvater wusste – wie so oft – Rat. Er erzählte mir, dass es sich um ein Murmelspiel handelt, und erinnerte sich daran, dass er mit seinen Brüdern aus Tonerde, die sie an bestimmten Stellen in der Umgebung fanden, kleine Kugeln geformt hatten, die sie an der Sonne trocknen ließen.

Bei meinem Murmelspiel vom Dachboden wurde eine Handvoll Murmeln – auch diese tauchten glücklicherweise noch auf – in die Mitte des Tellers gelegt. Drehte man den Kreisel, so brachte dieser die Murmeln in Bewegung, und einige blieben in den am Rand verteilten Vertiefungen liegen. Nun wurden die Zahlen der Vertiefungen, in denen eine Murmel lag, zusammengerechnet. Ganz nebenbei hatte mein Großvater eine Methode gefunden, mit mir das Kopfrechnen zu üben.

Am Abend erzählte auch unser Vater mit großer Begeisterung von den Murmelspielen aus seinen Kindertagen. Jedes Kind hatte eine Handvoll unterschiedlicher Murmeln in der Hosentasche, sodass jederzeit und überall gespielt werden konnte. Auch wir Kinder spielten danach lange Zeit mit unseren Murmeln und dem Murmelteller unseres Großvaters.

Erst viel später erfuhr ich, dass bereits die alten Ägypter vor über 4000 Jahren mit Murmeln spielten und es über hundert Bezeichnungen dafür gibt: Klicker, Malle, Schusser, Dotzer, Toner, Bolle, Koller, um nur einige zu nennen. Rund um den Erdball werden Spiele mit kleinen runden Kugeln, die aus Ton, Glas, Holz oder Marmor hergestellt werden, gespielt. Heute entstehen immer mehr Vereine, welche sogar Meisterschaften austragen. Von der Faszination der Murmelspiele schreibt Rafik Schami, der bekannte Geschichtenerzähler und Autor: «Und Murmeln gehören auch zu dem Spiel, ohne dessen Zauber meine Kindheit ärmer gewesen wäre. Meine Erinnerung daran bleibt frisch: ein wunderbarer Zeitvertreib.»

Zu meinen Kindheitserinnerungen gehören wie Kirschen zum Sommer, Nüsse zum Herbst, Schnee zum Winter und Narzissen zum Frühling die nachmittäglichen Straßenspiele.

Nachdem wir unsere täglichen Pflichten im Haushalt und die Schularbeiten erledigt hatten, ging es raus zum Spielen. Kinder zum Mitspielen gab es auch immer – jüngere und ältere, größere und kleinere, Jungen und Mädchen.

Meistens gingen die Spielimpulse von den Älteren aus. Ob Ballspiele, Hickelhäuschen oder Gummitwist, die Spiele waren stets so organisiert, dass alle mitspielen konnten und durften. Anfangs stand man beobachtend an der Seite, dann wurde man zum «Bälleholer» oder «Gummispanner». So lernte man die unterschiedlichen Spielideen und Regeln nach und nach kennen, um später zum Mitspieler zu werden. Bestimmte Spiele hatten zu bestimmten Zeiten Saison. So wurden die Hüpfspiele vornehmlich im Frühling und im Sommer gespielt. Ein Wechsel zwischen Selbst-in-Bewegung-Sein und Ausruhen, weil ein anderer an der Reihe war, ermöglichte ein stundenlanges Spielen an der frischen Luft. Stubenhocker oder Kinder, die übergewichtig waren, gab es nur wenige, und der Beruf des Ergotherapeuten schien noch nicht notwendig zu sein. Geschicklichkeit, Gleichgewicht, Koordination, soziales Miteinander, Empathiefähigkeit, Durchsetzungsvermögen, das Einhalten von Regeln und vieles mehr lernte man ganz nebenbei beim Spielen auf der Straße.

So sinnvoll Bewegung für uns ist und so wesentlich mir ihre Bedeutung später als Pädagogin und als Förderlehrerin auch wurde, in Kindertagen bedeutete sie vor allem Gemeinschaft und Spaß. Und so lagen wir schon auf der Lauer, wenn unsere Mutter an Hosen die Gummis ausbesserte, denn die

ausgedienten Wäschegummis knoteten wir für Gummitwist zusammen und eröffneten damit die Epoche der Hüpfspiele. Es schien fast so, als hätten alle Mütter gleichzeitig die Hosengummis erneuert, denn diese Art von Hüpfspiel auf der Straße und in der Pause verbreitete sich wie ein Lauffeuer. Plötzlich spielten alle Gummitwist. Ähnlich ging das auch mit diversen anderen Spielen wie Hickelhäuschen, den beliebten Klatschspielen, ganz unterschiedlichen Ballspielen, Fadenspielen …

Heute ist es wichtig geworden, dass Erwachsene in der Familie, in Kindergarten, Hort oder Schule die Impulsgeber für Bewegungsspiele sind, um die Entwicklung der Kinder zu unterstützen und zu fördern. Sie müssen einen geschützten Raum, zum Beispiel Spielplätze, Pausenhöfe u. Ä., anbieten und für ungestörte, ausreichende Spielzeiten Sorge tragen. Nicht die Kinder sind verantwortlich für den Bewegungsmangel und die damit verbundenen Folgen, sondern die Menschen, denen sie anvertraut sind.

Christel Dhom *Otterberg 2015*

Wer älter wird, der wird nicht aufhören zu spielen.

Aber wer aufhört zu spielen, der wird älter.

Georg Bernard Shaw

Hüpfspiele

Fast überall auf der Welt gibt es Hüpfspiele mit sehr unterschiedlichen Mustern und Regeln. Sie zählen zu den ältesten Spielen, die man kennt. Schon die alten Römer vertrieben sich ihre Zeit damit und haben durch ihr weitreichendes Straßennetz sicher auch zur Verbreitung dieser Spiele beigetragen.
Das Schöne an Hüpfspielen ist, dass man zum Spielen nicht viel braucht. Es genügen eine ebene Fläche: ein Waldweg, eine Spielstraße, der Pausenhof, der Strand … und ein Stöckchen, ein Ziegel- oder Ytongstein oder ein Stück Kreide (ab S. 38 wird erklärt, wie man Kreide auch selbst herstellen kann), um die Markierungen aufzumalen. Am meisten Spaß macht es, wenn mehrere Kinder zusammen spielen. Zur Not kann aber auch ein Kind allein spielen.
Wichtig ist vor Spielbeginn, dass alle Spielteilnehmer die Regeln, nach denen gespielt werden soll, festlegen. Da es sehr viele unterschiedliche Regeln gibt – in diesem Buch ist nur ein Teil davon zusammengetragen worden –, sollte man besprechen, wie man es machen möchte. Es wäre schade, wenn man darüber in Streit geraten würde und somit die Freude am Spielen verloren ginge.
Die wichtigsten Regeln sind beim jeweiligen Spiel angegeben.

Einfaches Hüpfspiel

Auf den Boden werden Felder von 1 bis 7 gezeichnet (Vorlage siehe S. 20).
Der Spieler steht vor dem Feld 1 und springt mit beiden Beinen nacheinander von Feld 1 bis Feld 7.
Wer es bis Feld 7 geschafft hat, darf aus dem Spielfeld laufen und mit einer neuen Runde beginnen.
Bei der neuen Runde wird ebenso gehüpft wie bei der 1. Runde, jedoch mit dem rechten Bein.
Die 3. Runde wird wie Runde 1 und 2 gehüpft, aber mit dem linken Bein.

Variante mit erhöhtem Schwierigkeitsgrad

Der Spieler steht vor Feld 1 und wirft ein Steinchen hinein.
Dann hüpft er mit dem rechten Bein über Feld 1 in Feld 2.
Von dort geht es weiter zu Feld 3 bis zu Feld 7.
In Feld 7 werden die Beine gewechselt und es wird mit dem linken Bein bis zu Feld 2 zurückgehüpft.
Von Feld 2 aus wird das Steinchen in Feld 1 aufgehoben und in Feld 1 gehüpft und dann aus dem Spielfeld heraus.
Bei der 2. Runde steht der Spieler wieder vor Feld 1, wirft nun aber das Steinchen in Feld 2. Er hüpft in Feld 1, dann über Feld 2 und nacheinander bis Feld 7. Dort werden wieder die Beine gewechselt und es geht zurück bis Feld 3. Von dort aus wird das Steinchen in Feld 2 aufge-

hoben, dann in Feld 2, in Feld 1 und aus dem Spielfeld herausgehüpft.
In dieser Weise geht das Spiel weiter, bis das Steinchen in Feld 7 geworfen werden darf und der Spieler bis Feld 6 gehüpft ist.

Regeln

Wer beim Hüpfen auf die Linie tritt oder das Steinchen in ein falsches Feld geworfen hat, scheidet in dieser Runde aus. In der nächsten Runde darf er genau dort wieder weitermachen, wo er vorher aufgehört hat.

Wochentage hüpfen

Der Spieler steht vor Feld 1 und hüpft mit beiden Beinen nacheinander von Feld 1 bis Feld 7. Begleitend zum Springen werden die Wochentage aufgesagt, also in Feld 1 Montag, Feld 2 Dienstag, Feld 3 Mittwoch, Feld 4 Donnerstag, Feld 5 Freitag, Feld 6 Samstag und Feld 7 Sonntag. Wer in Feld 7 angekommen ist, darf aus dem Spielfeld laufen und mit einer neuen Runde beginnen.
Die 2. Runde wird ebenso gehüpft wie die 1. Runde, jedoch auf dem rechten Bein.
Die 3. Runde wird gehüpft wie die 1. und 2. Runde, jedoch auf dem linken Bein.

Variante mit erhöhtem Schwierigkeitsgrad

Der Spieler steht vor Feld 1. In Feld 1 wirft er ein Steinchen. Der Spieler hüpft mit dem rechten Bein über Feld 1 in Feld 2 und sagt «Dienstag».
Von dort geht es weiter zu Feld 3 («Mittwoch») bis zu Feld 7 («Sonntag»).
In Feld 7 werden die Beine für den Rückweg gewechselt. Es wird auf dem linken Bein in Feld 6 («Samstag»), dann in Feld 5 («Freitag»), bis zum Feld 2 («Dienstag») gehüpft.
Jetzt wird von Feld 2 aus das Steinchen in Feld 1 aufgehoben und in Feld 1 («Montag») gehüpft, dann hinaus.
In der nächsten Runde wird das Steinchen in Feld 2 ge-

worfen. Der Spieler hüpft in Feld 1 und sagt «Montag». Er hüpft über Feld 2 in Feld 3 und sagt «Mittwoch».
In dieser Weise geht das Spiel weiter, bis das Steinchen in Feld 7 geworfen werden darf und der Spieler bis Feld 6 («Samstag») gehüpft ist.

Regeln

Wenn jemand …
- auf eine Linie tritt,
- das Steinchen in ein falsches Feld geworfen hat,
- einen falschen Wochentag genannt hat,
- das Gleichgewicht verliert und sich auf das andere Bein stellt,
- das Gleichgewicht verliert und sich mit einer Hand (beim Steinchenholen) abstützt,

dann muss er in dieser Runde ausscheiden.

In der nächsten Runde darf er genau dort weitermachen, wo er vorher einen Fehler gemacht hat.

Monate hüpfen

Der Spieler steht vor Feld 1 und springt mit beiden Beinen der Reihe nach von Feld 1 bis Feld 12. Begleitend zum Springen werden die Monate aufgesagt:

Feld 1	Januar	Feld 7	Juli
Feld 2	Februar	Feld 8	August
Feld 3	März	Feld 9	September
Feld 4	April	Feld 10	Oktober
Feld 5	Mai	Feld 11	November
Feld 6	Juni	Feld 12	Dezember

Wer ohne Fehler (es gelten die Regeln wie in den Spielen zuvor) in Feld 12 angekommen ist, darf aus dem Spielfeld springen und mit der 2. Runde beginnen.
Die 2. Runde wird ebenso gehüpft wie die 1. Runde, jedoch auf dem rechten Bein.
Die 3. Runde wird gehüpft wie die 1. und 2. Runde, aber auf dem linken Bein.

Eine Variante mit erhöhtem Schwierigkeitsgrad lässt sich auch hier spielen (siehe «Wochentage hüpfen» auf S. 20).

Himmel und Hölle

Der Spieler steht auf der «Erde» vor Feld 1.
Von dort wirft er ein Steinchen in Feld 1.
Nun hüpft er auf dem rechten Bein in Feld 2, dann in Feld 3.
Jetzt hüpft er im Grätschsprung mit zwei Beinen in Feld 4 und 5 gleichzeitig, also mit dem rechten Bein in Feld 5 und mit dem linken in Feld 4.
Nun geht es weiter mit einem Sprung auf dem rechten Bein in Feld 6 und mit beiden Beinen auf Feld 7 und 8 wieder im Grätschsprung.
In Feld 9 wird mit dem rechten Bein gehüpft.
Und mit beiden Beinen hüpft der Spieler nun über die «Hölle» hinweg in den «Himmel».
Im «Himmel» darf man sich ein wenig ausruhen. Dann geht es den ganzen Weg zurück, auf dem linken Bein über die «Hölle» in Feld 9 springen, dann mit beiden Beinen in Feld 7 und 8 landen, Feld 6 linkes Bein, Feld 4 und 5 beide Beine, Feld 3 und 2 links.
Jetzt muss das Steinchen aus Feld 1 aufgehoben werden, bevor in dieses Feld mit dem linken Bein gehüpft werden darf.
Nun noch ein letzter Sprung zurück auf die «Erde» und die 1. Runde ist geschafft.
Bei der 2. Runde wird das Steinchen in Feld 2 geworfen. Der Spieler hüpft von der Erde in Feld 1, von da aus über Feld 2 in Feld 3. Dann geht es weiter wie in der 1. Runde beschrieben.

Das Spiel geht so lange, bis ein oder alle Spieler mit dem Steinchen in Feld 9 angekommen sind.

Regeln

Bei diesem Spiel gelten dieselben Regeln wie bei «Wochentage hüpfen» (siehe S. 21).

Variante

Der Himmel hat 3 Einbuchtungen, auf denen «Pst» steht. Hüpft jemand aus Versehen auf ein solches Feld, darf er nichts mehr sprechen, bis er wieder auf der «Erde» angekommen ist. Sagt er dennoch ein Wort, muss er ganz von vorn beginnen.

Männchen hüpfen

Zuerst ein Steinchen in Feld 1 werfen.
Mit dem rechten Bein über Feld 1 in Feld 2 hüpfen.
Weiter auf dem rechten Bein der Reihe nach bis Feld 10 hüpfen.
Ab Feld 10 auf dem linken Bein den ganzen Weg bis in Feld 2 zurückhüpfen.
Jetzt den Stein von Feld 1 aufheben, in Feld 1 hüpfen und dann aus dem Spielfeld hinaushüpfen.
Bei der 2. Runde wird das Steinchen in Feld 2 geworfen. Der Spieler hüpft auf dem rechten Bein in Feld 1, über Feld 2 in Feld 3 und weiter bis Feld 10. Ab dort wird der Rückweg auf dem linken Bein bis in Feld 3 gehüpft. Da muss erst das Steinchen aufgehoben und dann in Feld 2, danach in Feld 1 gehüpft werden.
So geht es weiter, eine Runde nach der anderen, bis das Steinchen in Feld 10 geworfen wird. Der Spieler hüpft bis Feld 9, hebt das Steinchen auf und hüpft auf dem linken Bein zurück und aus dem Spielfeld hinaus.
Wer das geschafft hat, darf in irgendein Feld von 1 – 10 zu der Zahl den Anfangsbuchstaben seines Namens schreiben. Für die anderen Teilnehmer bedeutet das, sie dürfen in dieses Feld kein Steinchen mehr werfen und auch nicht hineinhüpfen. Also aufgepasst: Das Spiel wird umso schwieriger, je mehr Namen aufgeschrieben werden!

Regeln

Wenn jemand …

- auf eine Linie tritt,
- das Steinchen in ein falsches Feld geworfen hat,
- das Gleichgewicht verliert und sich auf das andere Bein stellt,
- das Gleichgewicht verliert und sich auf eine Hand abstützt,

scheidet er in dieser Runde aus.

In der nächsten Runde darf er genau dort wieder weitermachen, wo er vorher einen Fehler gemacht hat.

Für dieses Spiel gibt es verschiedene Möglichkeiten, das Männchen aufzubauen – zwei Beispiele zeigen die nebenstehenden Zeichnungen.

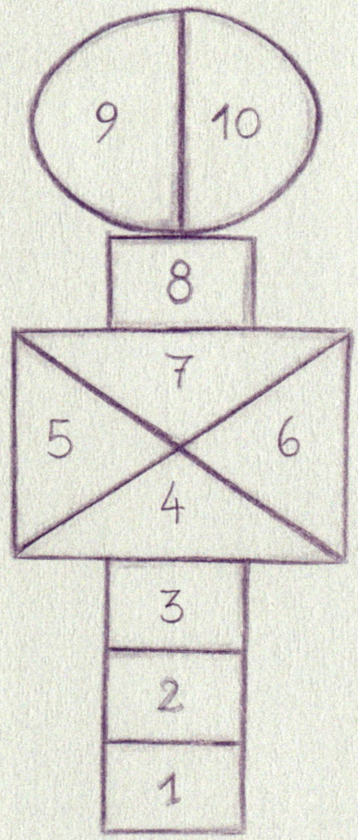

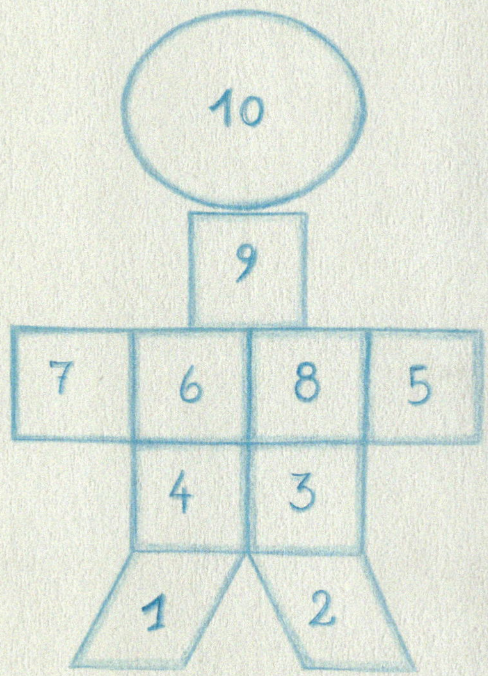

Schneckenhaus hüpfen

Der Spieler hüpft auf einem Bein von Feld 1 bis in die Mitte der Schnecke, also zum Feld mit der höchsten Zahl. Hier darf er kurz ausruhen.
Auf dem anderen Bein wird von der Mitte bis zum Anfang zurückgehüpft.
Hat ein Spieler dies geschafft, darf er auf irgendein Feld mit Kreide den Anfangsbuchstaben seines Namens schreiben. Dort darf er sich bei den nächsten Runden ausruhen. Alle anderen Spieler müssen aber über dieses Feld hüpfen. Sie haben hoffentlich an einer anderen Stelle ein Feld mit ihrem Anfangsbuchstaben versehen …

Regeln

Wenn jemand …

- beim Hüpfen auf eine Linie tritt oder
- das Gleichgewicht verliert und sich auf das andere Bein stellt,

scheidet er in dieser Runde aus.

In der nächsten Runde wird wieder bei Feld 1 begonnen.
Gewonnen hat, wer zuerst seinen Anfangsbuchstaben auf drei Felder geschrieben hat.
Je nach Platz kann das Schneckenhaus bis zu 10 oder mehr Zahlenfelder haben, die jedoch so groß sein sollten, dass man noch mit dem ganzen Fuß darin stehen kann.

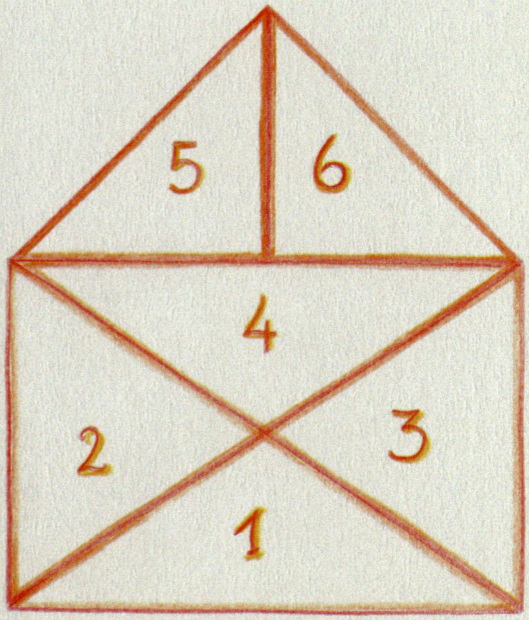

Häuschen hüpfen

Der Spieler steht vor dem «Häuschen» und hüpft auf einem Bein in Feld 1.
Jetzt im Grätschsprung mit zwei Beinen auf Feld 2 und 3, das heißt mit dem rechten Bein auf Feld 3 und mit dem linken Bein auf Feld 2.
Dann auf einem Bein in Feld 4.
Als Nächstes wieder im Grätschsprung mit zwei Beinen in Feld 5 und 6. Hier erfolgt ein Wendesprung. Der Spieler hüpft um die eigene Achse, sodass er dann mit dem rechten Bein in Feld 5 und mit dem linken Bein in Feld 6 ist.
Von da aus geht es wieder zurück: ein Bein in Feld 4, Grätschsprung in Feld 2 und 3, ein Bein in Feld 1 und hinaus.
Beim 2. Durchgang wird anstelle des Grätschsprungs mit überkreuzten Beinen gesprungen. Ansonsten bleibt alles wie beim ersten Durchgang.
Der 3. Durchgang ist wieder leichter. Hier werden die Felder 1 – 6 im «Storchensprung», also auf einem Bein, gehüpft.
Sieger ist, wer auch den 4. Durchgang schafft. Dieser wird wie der erste Durchgang gehüpft, jedoch mit geschlossenen Augen!

Regeln

Wer beim Hüpfen auf die Linie tritt, scheidet in dieser Runde aus. In der nächsten Runde wird wieder mit Feld 1 begonnen.

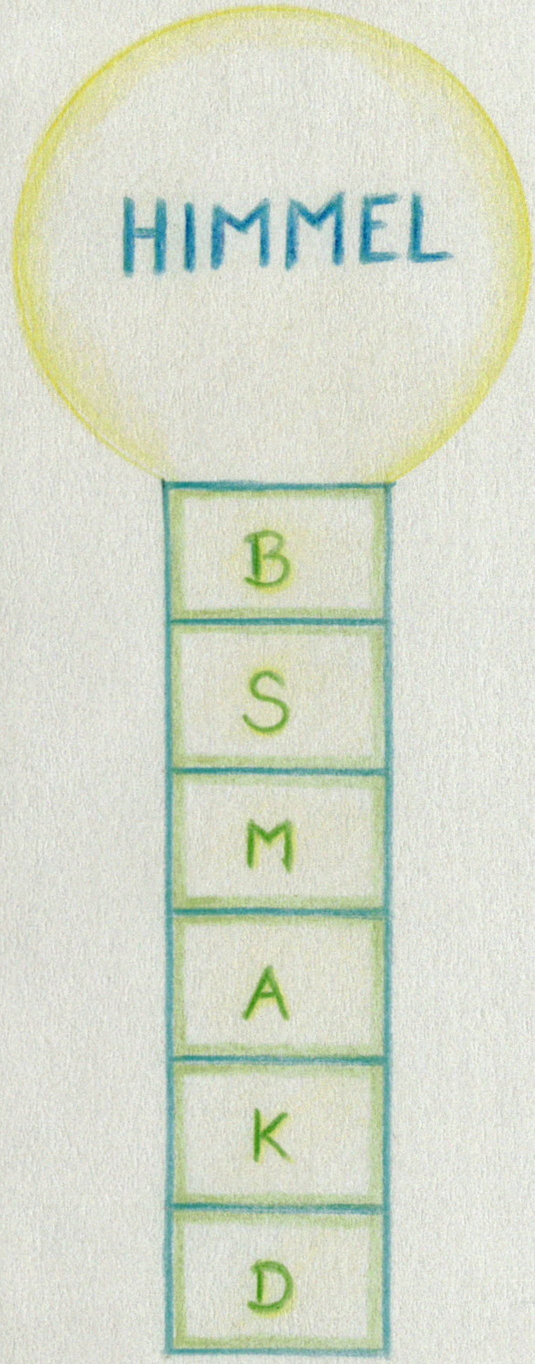

Wörter hüpfen

Zu Beginn einigt man sich darauf, wie viele und welche Buchstaben für das Spiel gewählt werden können. Dann legt man fest, aus welchem Bereich die Wörter, die gefunden werden müssen, sein sollen, zum Beispiel: Mädchennamen, Jungennamen, Tiere, Blumen, Obst und Gemüse, Farben usw.
Der Spieler beginnt unten und hüpft von Buchstabe zu Buchstabe. Die aufgemalten Buchstaben bilden jeweils den Anfangsbuchstaben des Wortes.
Im Himmel darf man kurz ausruhen. Dann hüpft man wieder nach unten und findet für jedes Buchstabenfeld ein neues Wort.
In der nächsten Runde wählt man eine andere Wortgruppe.

Regeln

Wenn jemand …

- beim Hüpfen auf eine Linie tritt,
- zu lange von einem zum nächsten Buchstaben zögert (Zeit ausmachen!),
- ein falsches Wort sagt, das mit einem anderen Buchstaben beginnt oder zu einer anderen Wortgruppe gehört,

dann scheidet er in dieser Runde aus.

In der nächsten Runde darf er genau dort weitermachen, wo er vorher einen Fehler gemacht hat.

Zahlenkästchen hüpfen

Der Spieler steht vor Feld 1 und hüpft mit beiden Beinen hinein und dann im Grätschsprung in Feld 2 und 3. Das bedeutet, der rechte Fuß steht in Feld 3 und der linke Fuß in Feld 2. Nun mit beiden Beinen wieder in Feld 1 und danach aus dem Spielfeld heraus.
Der Spieler steht vor Feld 1 und hüpft mit beiden Beinen in Feld 4 und im Grätschsprung in Feld 5 und 6, dann mit beiden Beinen wieder in Feld 4, schließlich mit beiden Beinen in Feld 1, dann im Grätschsprung in Feld 2 und 3, zurück mit beiden Beinen in Feld 1 und wieder aus dem Spielfeld heraus.
Der Spieler steht wieder vor Feld 1 und hüpft mit beiden Beinen in Feld 7. Von dort aus im Grätschsprung in Feld 8 und 9 und mit beiden Beinen zurück zu Feld 7. Nun in Feld 4, im Grätschsprung in Feld 5 und 6 und zurück in Feld 4. Dann mit beiden Beinen in Feld 1, im Grätschsprung in Feld 2 und 3, zurück in Feld 1 und von dort aus dem Spielfeld heraus.

Beim 2. Durchgang wird in Feld 1, 4 und 7 mit einem Bein gehüpft. Alles andere bleibt wie beim ersten Durchgang.

Beim 3. Durchgang wird in Feld 1, 4 und 7 im Scherensprung gehüpft, das heißt, die Beine sind gekreuzt. Alles andere bleibt wie beim ersten Durchgang.

Regeln

Wenn jemand …

- beim Hüpfen auf eine Linie tritt,
- das Gleichgewicht verliert und sich auf das andere Bein stellt,
- auf eine falsche Zahl hüpft,

scheidet er in dieser Runde aus.

In der nächsten Runde darf er bei dem Feld des Durchgangs weitermachen, wo er vorher einen Fehler gemacht hat.

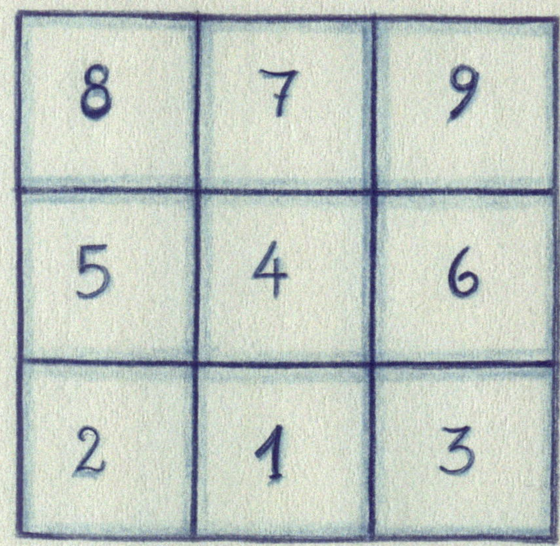

Wassergraben

Der Spieler steht vor Feld 1 und hüpft auf einem Bein von Feld 1 bis Feld 16.
Wer in Feld 16 angekommen ist, hüpft auf dem anderen Bein der Reihe nach bis Feld 1.
In der 2. Runde wird auf den angewinkelten Oberschenkel des linken Beins ein flaches Sandsäckchen oder Steinchen gelegt. Auf dem rechten Bein wird nun von Feld 1 bis Feld 16 gehüpft. Dort darf man erst mal ausruhen.
In der 3. Runde wird auf den Oberschenkel des rechten Beins das Sandsäckchen oder das flache Steinchen gelegt und auf dem linken Bein hüpfend der Rückweg von Feld 16 bis Feld 1 angetreten.

Variante

Das Spiel kann erleichtert werden,

- wenn man zwischendrin Ausruhfelder kennzeichnet, beispielsweise durch eine andere Farbe (man würde dann Feld 5 und Feld 12 rot malen und alles andere gelb),
- wenn man den Wassergraben kürzer anlegt, also statt 16 nur 10 Felder.

Regeln

Wenn jemand …

- beim Hüpfen auf eine Linie tritt,
- in den Wassergraben fällt,
- das Gleichgewicht verliert und sich auf das andere Bein stellt,
- das Sandsäckchen (oder Steinchen) vom Oberschenkel fallen lässt,

scheidet er in dieser Runde aus.

In der nächsten Runde darf er genau dort weitermachen, wo er vorher einen Fehler gemacht hat.

Straßenmalkreide selbst herstellen

Material

- Gips (1,5 kg reicht für ca. 15 – 20 Kreidestücke)
- Wasser
- Spachtel, Holzstiel von einem Eis oder Teelöffel
- Marmeladenglas, Spachtelanrührbecher (Baumarkt) oder Pappbecher
- Aquarell- oder Abtönfarben
- Schlauch, ca. 3 cm Durchmesser (Meterware aus dem Baumarkt)
- Alufolie
- Gummibänder
- Salatöl

Anleitung

Aus 2/3 Gips und 1/3 Wasser rühren wir in einem Marmeladenglas einen dicken Brei an. Dann fügen wir einige Tropfen Salatöl hinzu. Es sollten immer nur kleine Mengen an Gips angerührt werden, da er relativ schnell trocknet und deshalb rasch verarbeitet werden muss.

Den Schlauch lassen wir uns möglichst schon im Baumarkt in ca. 10 cm lange Stücke schneiden. Mit einem scharfen Messer werden die Schlauchstücke an der Seite aufgeschnitten, da-

mit wir später die getrocknete Kreide leicht herausnehmen können.
An einer Seite des Schlauchstücks verschließen wir die Öffnung mit Alufolie, die wir mit einem Gummiband befestigen. Damit an der aufgeschnittenen Schlauchseite die Gipsmasse nicht herauslaufen kann, verteilen wir noch zwei weitere Gummibänder. Mithilfe eines schmalen Spachtels oder Teelöffels füllen wir die Gipsmasse in das Schlauchinnere. Ist die Spachtelmasse zähflüssig, können wir sie auch einfach in das Schlauchstück hineinfließen lassen. Schon nach 1 – 2 Stunden kann die Kreide vorsichtig aus der Form herausgenommen werden. Bevor die Kreide zum Malen verwendet wird, muss sie jedoch eine Nacht trocknen.
Bunte Kreide erhalten wir, indem wir der Gipsmasse unverdünnte Aquarellfarben oder Abtönfarben beimengen. Durch die Menge legen wir die Farbintensität der Kreide fest.

Tipp

Eine Bastelpackung für Straßenmalkreide ist ein schönes Geschenk für ein Kind und leicht selbst zusammenzustellen. In einen Schuhkarton – vielleicht mit Geschenkpapier bezogen – legt man eine kleine Tüte Gips, ein leeres Marmeladenglas, drei Gummiringe, ein bis zwei Stücke Schlauch, einen Holzspachtel und ein Stück Alufolie. Die Farben kann man in Minimarmeladengläser abfüllen. Besonders schön ist es, wenn man einige fertige Kreidestücke, eine handgeschriebene Anleitung und ein oder zwei Spielanleitungen für Hüpfspiele ebenfalls dazugibt.

Hüpfhäuschen auf dem Schulhof

Seit Jahren gab es sehr unterschiedliche Ideen, wie unser gepflasterter Schulhof gestaltet werden könnte, um noch mehr zu Bewegungsspielen anzuregen. Konsens bestand darüber, die freie Fläche erhalten zu wollen, um Pedalo, Einradfahren oder Kreisspiele zu ermöglichen und diese nicht mit Spielgeräten zuzustellen.

Vor diesem Hintergrund machte ich in einer Konferenz den Vorschlag, einen Teil der Freiflächen mit Hüpfspielen zu bemalen. Diese sollten so angelegt sein, dass sie nur einen Sommer erhalten bleiben, um dann aufgrund der gemachten Erfahrungen wieder neu ergriffen und gestaltet zu werden.

Unsere Kunsttherapeutin fertigte nach meinen Ideen Entwürfe an, sodass sich die Kolleginnen und Kollegen konkrete Vorstellungen machen konnten. Nachdem diese Idee auf große Zustimmung traf, erklärte sich unser Kunstlehrer bereit, mit der 9. Klasse im Rahmen einer Malepoche bei der Ausführung behilflich zu sein.

Zunächst legten wir fest, wo auf dem Schulhof welches Hüpfspiel seinen Platz finden sollte. Dann übertrugen wir die äußere Form nach den Vorlagen mit Kreide auf das Pflaster. Dies stellte die erste Herausforderung dar. Wie schafft man es, von der kleinen Vorlage auf das große Pflaster zu kopieren? Es hieß: ordentlich die Formen zu vergrößern und im gewünschten Maßstab zu übertragen. Eine gute Übung – nicht nur für die Schülerinnen und Schüler! Danach malten wir die kompletten Flächen mit weißer Fassadenfarbe an. Dabei war darauf zu achten, in der Mitte einer Figur zu beginnen, damit man sich nicht auf bereits bemalte Flächen stellen muss. Ebenso war ein achtsames Arbeiten erforderlich, um die eigene Kleidung zu schonen.

Mit welcher Freude die Schüler der 9. Klasse sich bei der Arbeit zeigten und wie groß das Interesse der jüngeren Schüler daran war, erfüllte uns Erwachsene mit großer Zufriedenheit. Auch zahlreiche Eltern verfolgten den Entstehungsprozess mit wacher Anteilnahme.

Überrascht waren wir darüber, wie viel Farbe die offenporigen Betonpflastersteine schluckten. Wir benötigten ungefähr doppelt so viel Farbe wie ursprünglich angenommen. Auf die weiße Grundierung wurde mit sehr verdünnten Farben entsprechend der Vorlagen lasiert, und die Hüpfspiele nahmen nach und nach Gestalt an.

Im Folgenden gaben in den Pausen oder im Spielturnen die Erwachsenen ein paar Anleitungen für die Hüpfspiele an die Schüler weiter. Eigentlich hatte ich bei meinen Überlegungen vornehmlich die jüngeren Schüler als Zielgruppe im Fokus. Umso mehr freute es mich, auch immer wieder ältere Schüler fröhlich beim Hüpfen beobachten zu können.

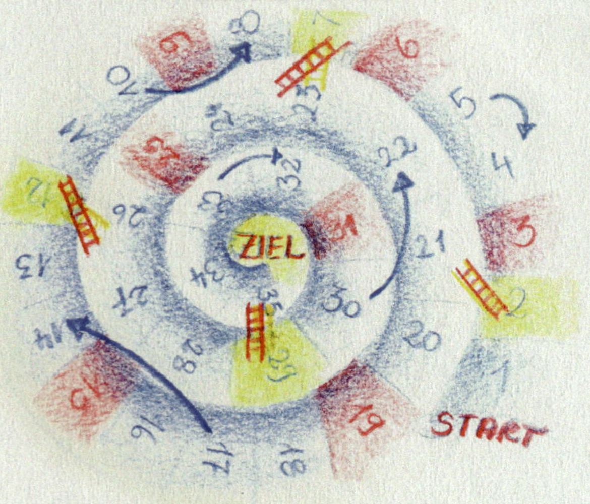
ZIEL
START

Pausenhofspiele

Alle Spiele können natürlich ähnlich den Hüpfkästchen gespielt werden. Kinder sind aber sehr erfinderisch und denken sich schnell und gerne eigene Spielideen und Regeln aus.

Leiterchenspiel

Dieses Spiel kann mit mehreren Kindern und einem großen Schaumstoffwürfel gespielt werden. Start ist vor Feld 1. Entsprechend den gewürfelten Punkten darf der Reihe nach vorgerückt werden. Trifft ein Kind auf ein Feld mit einer Leiter, darf es diese «hochklettern», also mehrere Felder vorrücken. Kommt es jedoch auf ein Feld mit einem Pfeil, muss es einige Felder zurückgehen. Gewonnen hat, wer zuerst im Ziel angekommen ist.

Käfer, Segelschiff und Schmetterling

Der Spieler, der zuerst eine 1 gewürfelt hat, darf sich auf das erste Feld stellen. Von dort aus würfelt er weiter. Würfelt er eine 2, darf er von Feld 1 auf Feld 2 hüpfen. Würfelt er eine andere Zahl, kommt das nächste Kind an die Reihe. So geht es weiter, bis ein Kind bei der 6 angekommen ist. Diese Spiele können auch von einem Kind allein gespielt werden.

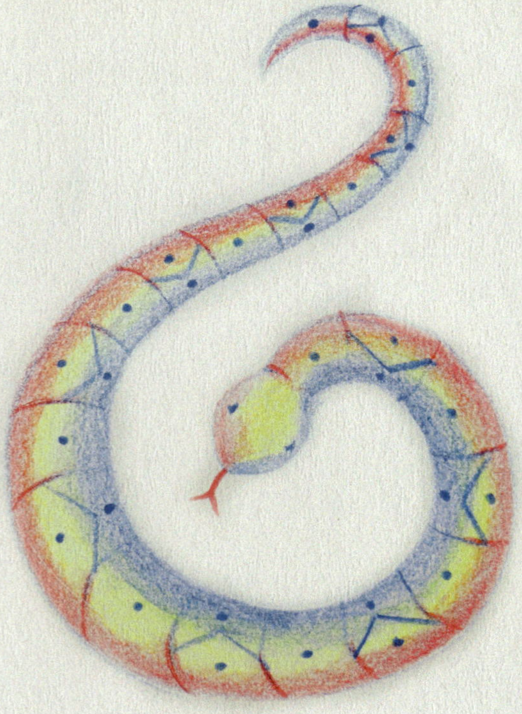

Schlange

Entsprechend der Punkte auf dem Rücken hüpft man ein Feld mit zwei Füßen, dann mit einem Fuß, dann wieder zwei Füße. Begonnen wird am Kopf der Schlange. Bei diesem Spiel gibt es weder Sieger noch Verlierer. Es geht nur um die Freude am Hüpfen, die noch größer wird, wenn man versucht, immer schneller zu werden.

Zwei Schnecken

Die beiden Schnecken haben die gleiche Anzahl an Zahlenfeldern. Dieses Spiel ist ein Wettspiel für zwei Kinder. Bei 1 wird begonnen – die 1 kann am Anfang oder in der Mitte der Schnecke sein. Auf ein Startzeichen hin werden die Felder der Reihe nach bis zur höchsten Zahl gehüpft. Gewonnen hat, wer als Erster angekommen ist, ohne dabei auf eine Begrenzung zu treten oder eine Zahl zu überspringen.

Obstbäume

Bei den Obstbäumen hüpft man auf den Leitern von Sprosse zu Sprosse hoch, um das Obst zu ernten. Gezählt wird die Anzahl der Früchte, die man auf einem Bein schafft.

Gummitwist

Gummitwist ist ein Spiel, das sicherlich schon unsere Eltern oder Großeltern gespielt haben. Es gehört ebenso zu den alten «Straßenspielen» und sollte auch heute noch Bestandteil jeder Kindheit sein.

Auch wenn man nicht mehr sorglos auf jeder Straße spielen kann, weil der Autoverkehr dies nicht zulässt, gibt es dennoch Möglichkeiten zum Spielen: auf der Rasenfläche eines Parks oder einer gemähten Wiese, im Sandkasten oder am Strand, auf dem Bürgersteig oder im Hof, auf einem Waldweg, im Flur oder im Klassenraum. Es genügen, wie bei den anderen Spielen auch, eine ebene Fläche und beim Gummitwist natürlich ein Gummiband. Ein einfaches Wäschegummi ist völlig ausreichend und kann an der Verbindungsstelle mit einer Häkelfigur (Anleitung ab S. 62) verschönert werden.

Zu Beginn eines Spiels sollte man sich verabreden, nach welchen Regeln gespielt werden soll, um unnötige Konflikte zu vermeiden. Den Schwierigkeitsgrad kann man steigern, indem das Gummi immer höher – bis unter die Achseln – gespannt wird oder aber immer enger, bis nur noch ein Bein das Gummi spannt.

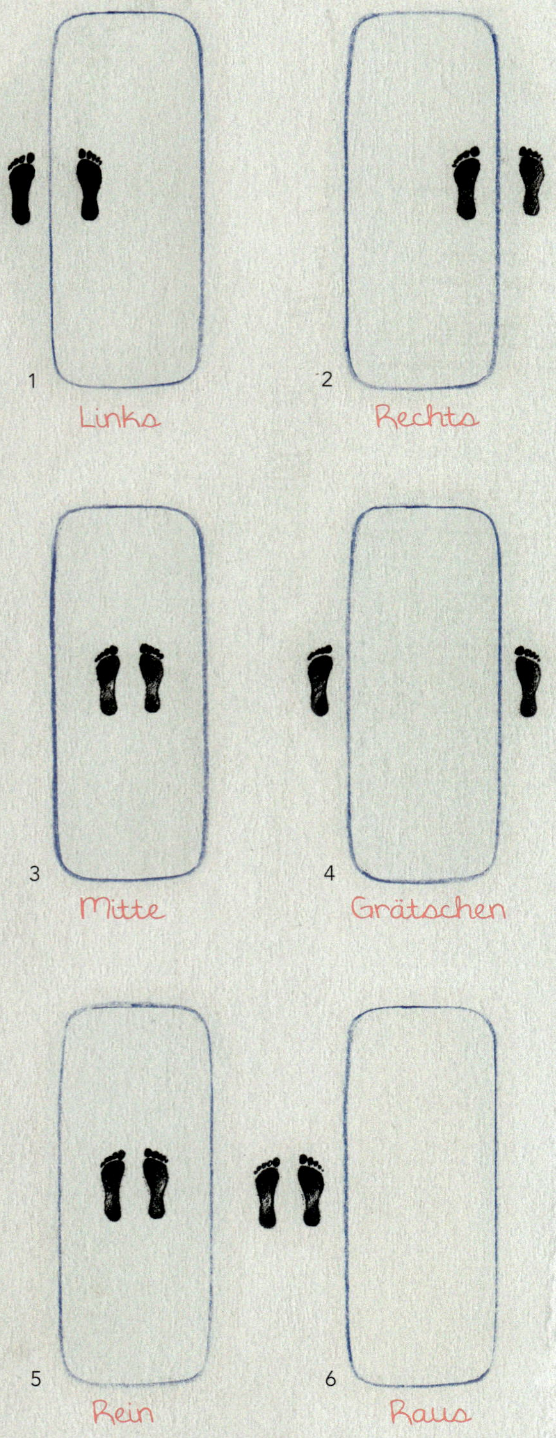

Einsteigerspiel

Zum Hüpfen werden die bei den Zeichnungen stehenden Wörter gesprochen. Das Gummi wird in jeder Runde zunächst in Knöchelhöhe, dann in Kniehöhe, unter dem Po und über dem Po gespannt.
Bei der 1. Runde sind die Beine der «Gummispanner» hüftbreit, bei der 2. Runde stehen die Füße eng beieinander und ab unter dem Po stellen sich die beiden «Gummispanner» schräg, sodass die Gummis enger beieinanderliegen.
In der 3. Runde stellen die «Gummispanner» nur noch ein Bein in den Gummiring. Diese Runde endet unter dem Po.
Wer einen Fehler macht, scheidet in dieser Runde aus und darf in der nächsten dort weitermachen, wo er vorher aufhören musste.

Hin und Her

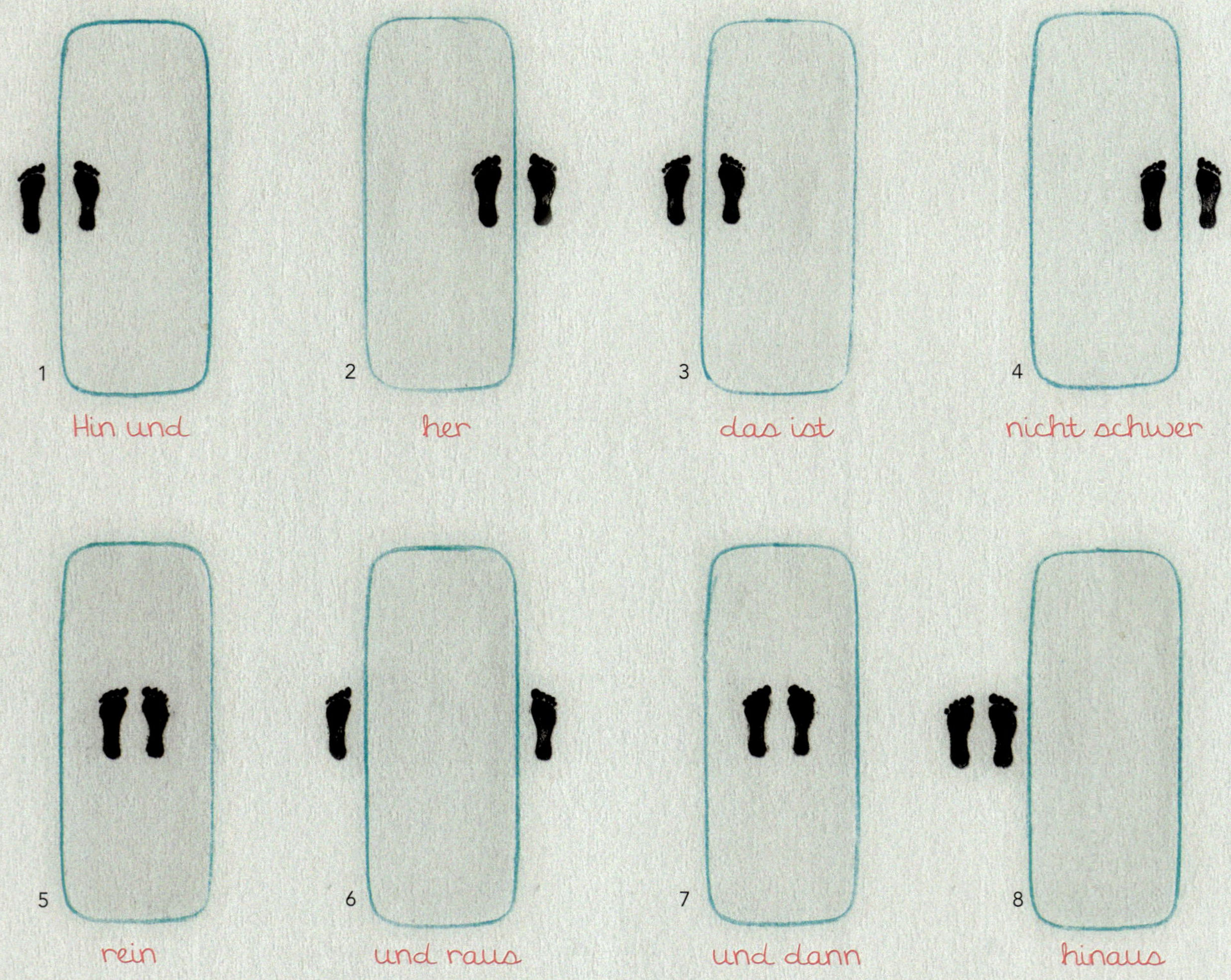
1
Hin und
2
her
3
das ist
4
nicht schwer
5
rein
6
und raus
7
und dann
8
hinaus

Aprikosenmarmelade

1

Ap-

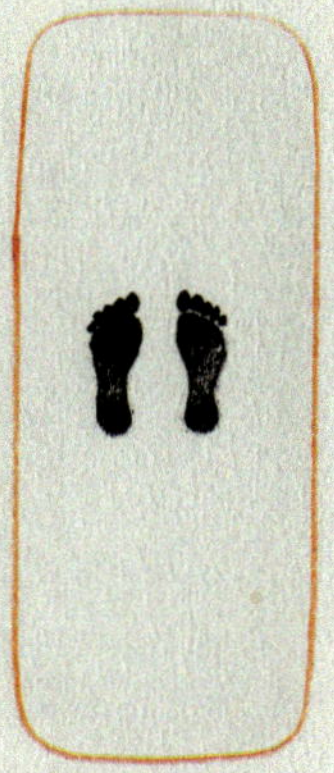

2

ri-

3

ko-

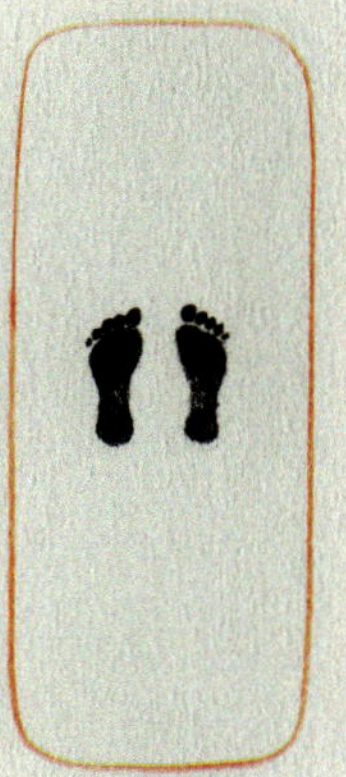

4

sen-

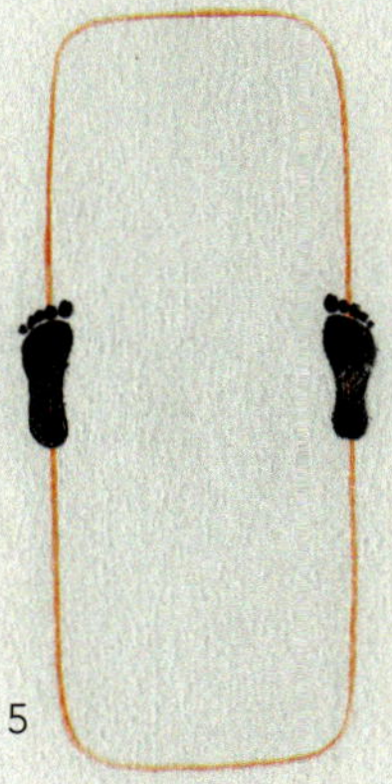

5

mar-

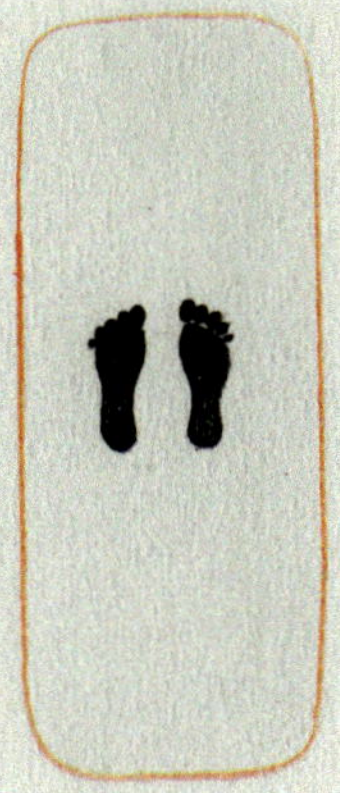

6

me-

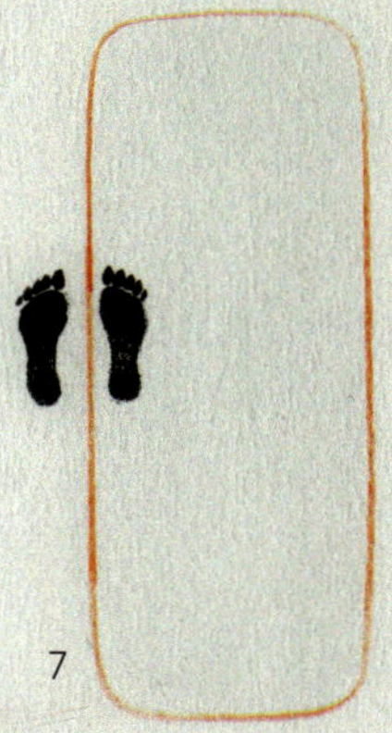

7

la-

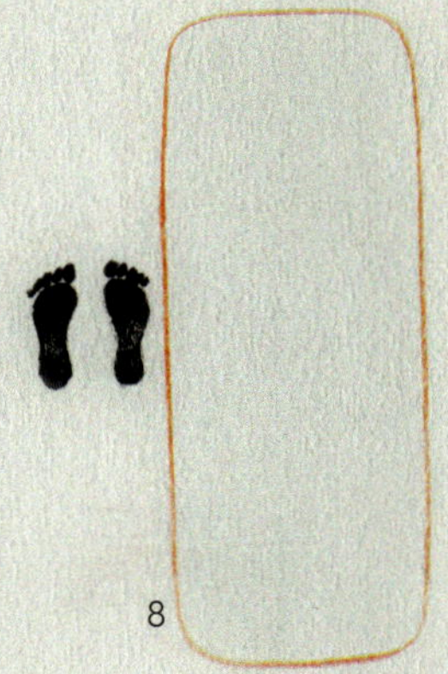

8

de

Zahlentwist

Die Zahlen können in unterschiedlichen Sprachen gehüpft werden:

- Ten, twenty, thirty, forty, fifty, sixty, seventy, eighty, ninety, hundred (Englisch)
- Dix, vingt, trente, quarante, cinquante, soixante, soixante--dix, quatre-vingt, quatre-vingt-dix, cent (Französisch)
- Dieci, venti, trenta, quaranta, cinquanta, sessanta, settanta, ottanta, novanta, cento (Italienisch)
- On, yirmi, otuz, kirk, elli, altmiş, yetmiş, seksen, doksan, yüz (Türkisch)
- Diez, veinte, treinta, cuarenta, cincuenta, sesenta, setenta, ochenta, noventa, cien (Spanisch)

Wenn in einer Klasse oder in der Nachbarschaft Kinder aus anderen Ländern sind, ist das eine tolle Möglichkeit, etwas voneinander zu lernen!

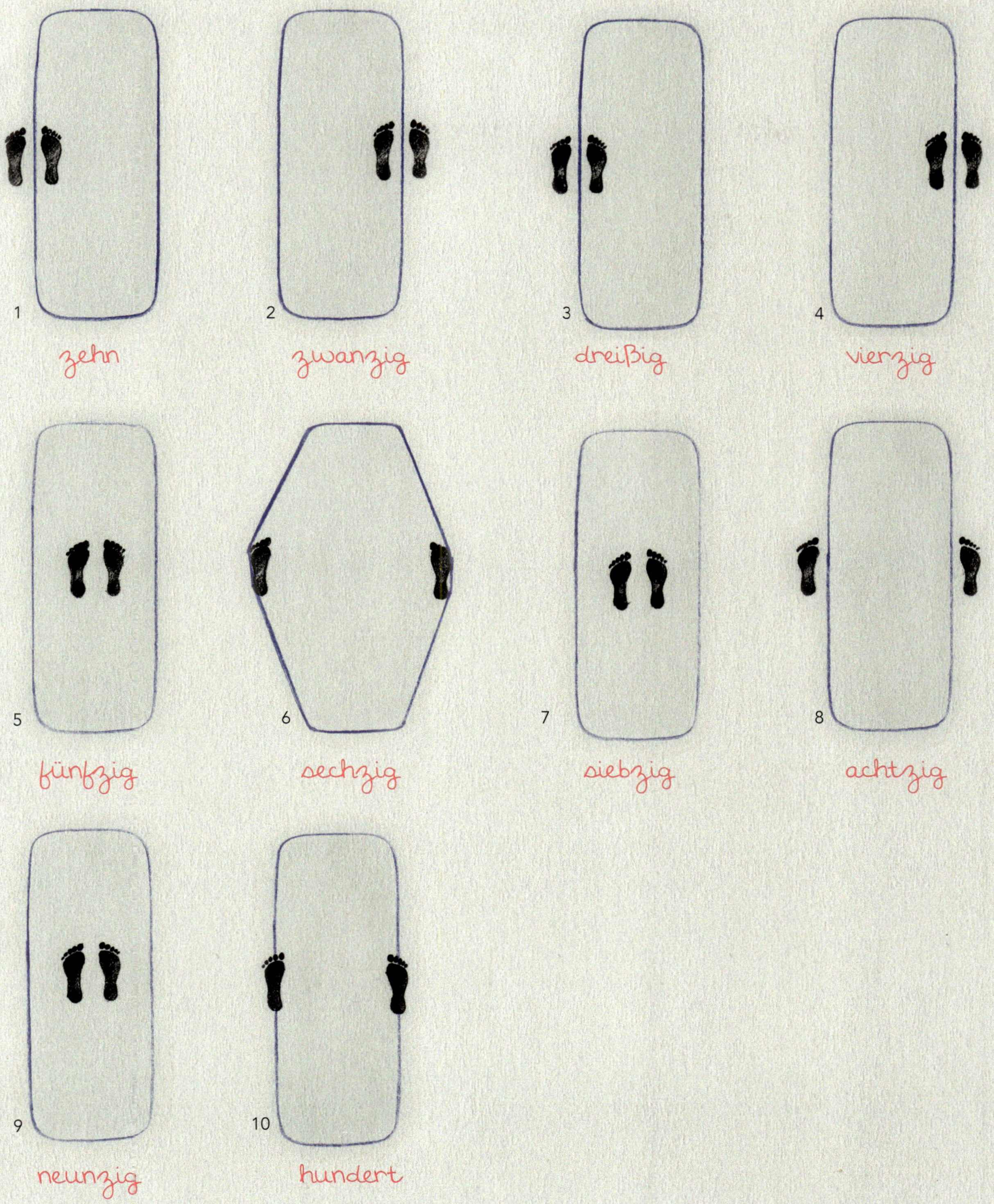
1
zehn
2
zwanzig
3
dreißig
4
vierzig
5
fünfzig
6
sechzig
7
siebzig
8
achtzig
9
neunzig
10
hundert

Wackelpudding

Die Gummispanner wackeln mit den Beinen, sodass sich das Gummi bewegt.

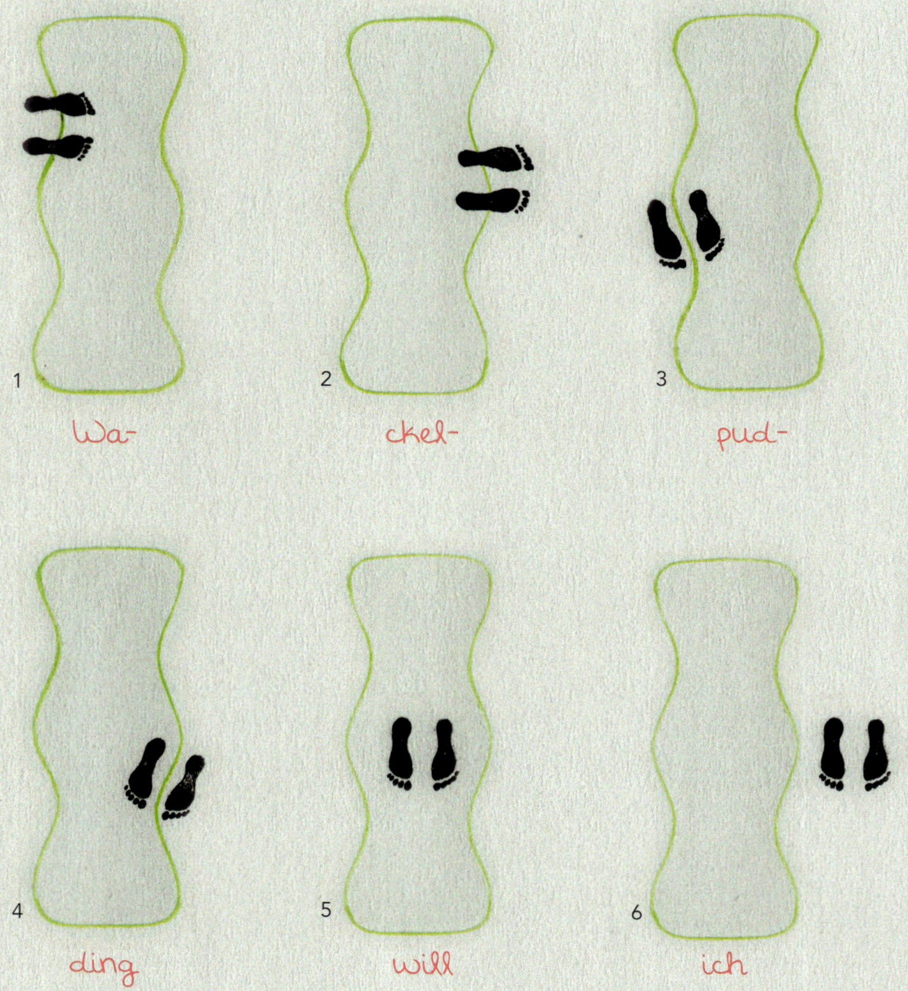

Hau Ruck Donald Duck

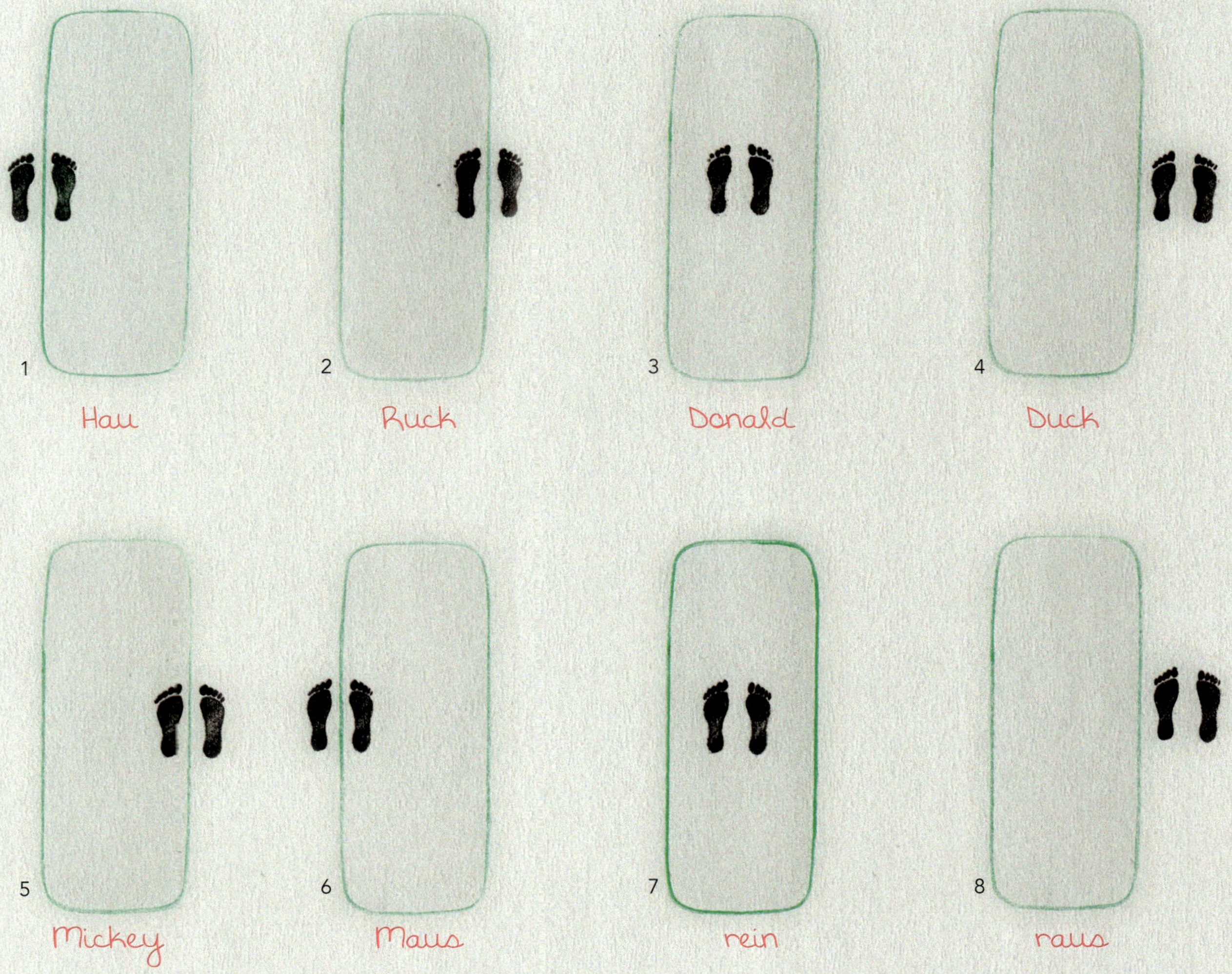

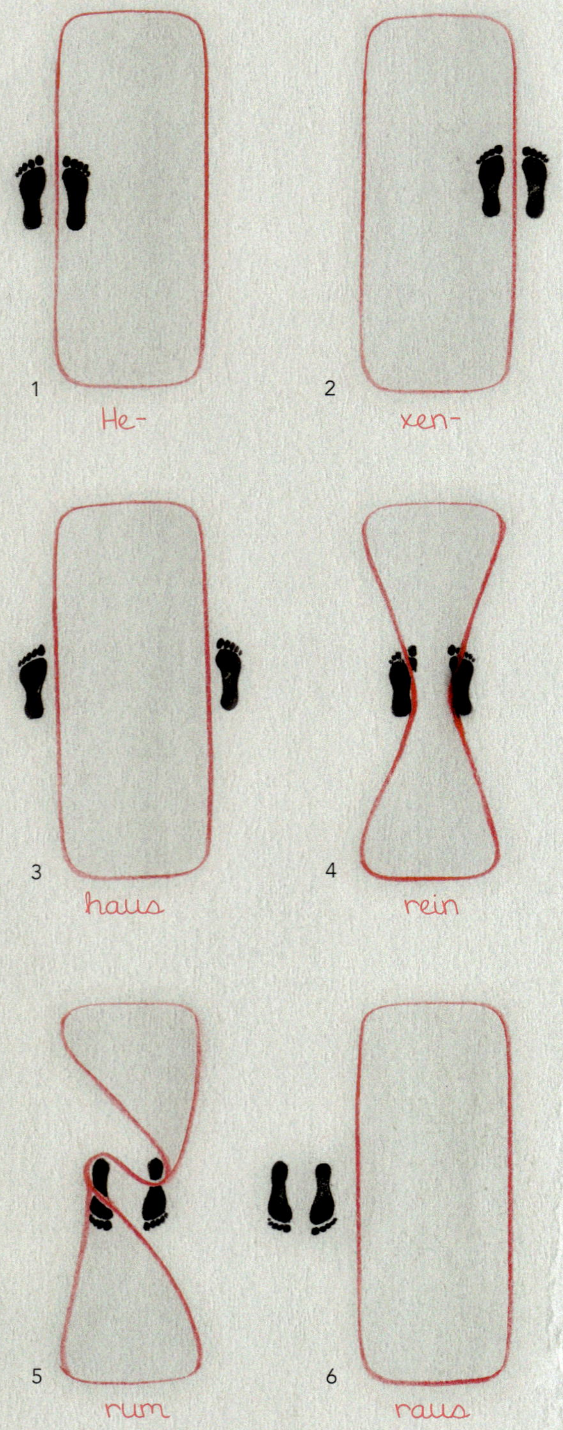

Hexenhaus

Zuerst wird gehüpft wie bei den Spielen zuvor. Ab Bild 4 kommt eine neue Herausforderung dazu.

- Bild 4: Füße zusammenstellen, Blick geht zu einem «Gummispanner».
- Bild 5: Ohne das Gummi zu verlieren, eine halbe Drehung hüpfen, sodass der Blick jetzt zum anderen «Gummispanner» gerichtet ist.
- Bild 6: Hochspringen und das Gummiband sausen lassen, sodass es sich entwirrt.

Englische Präpositionen hüpfen

(Hier können natürlich auch andere Fremdsprachen zur Anwendung kommen.)

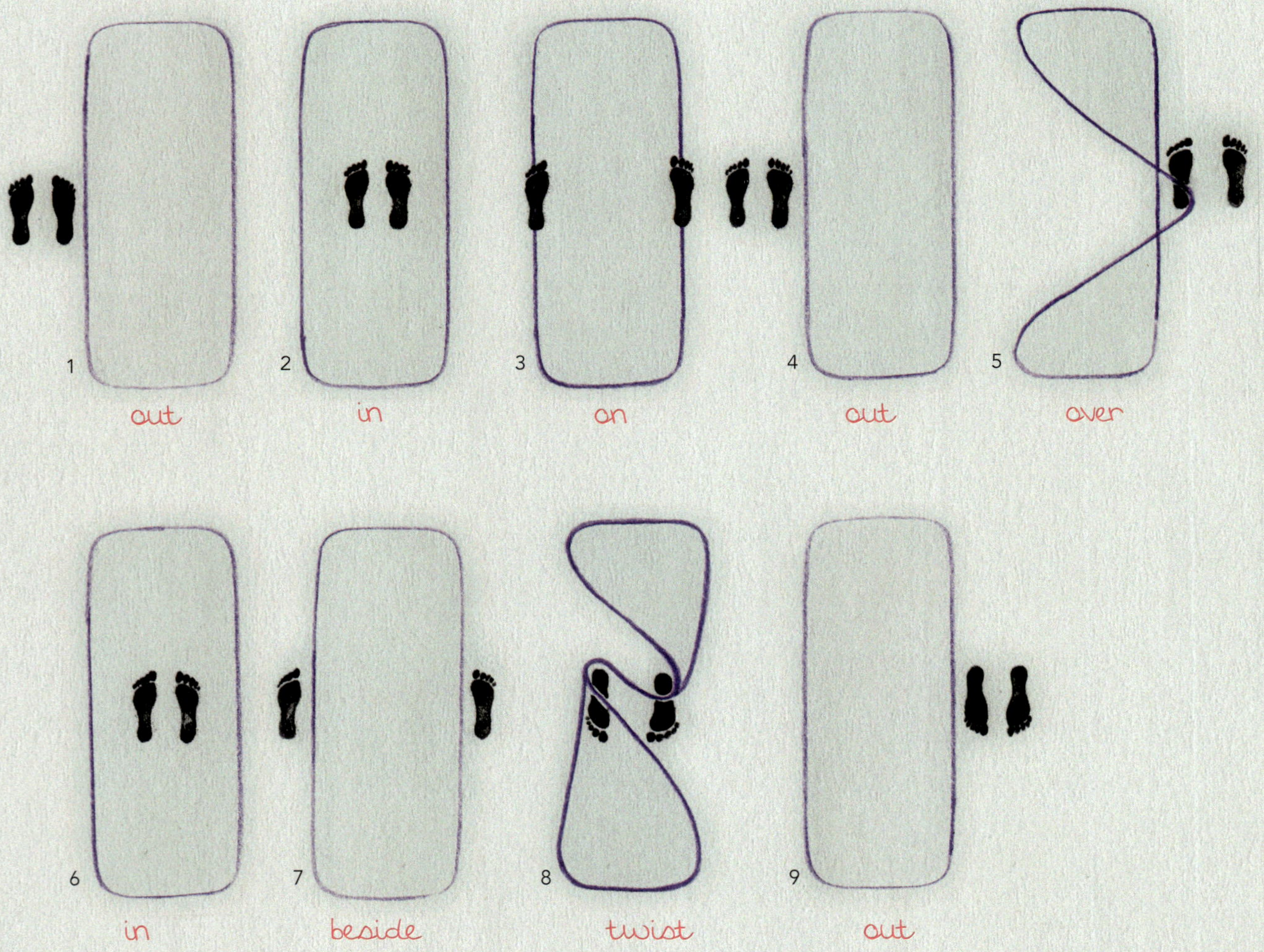

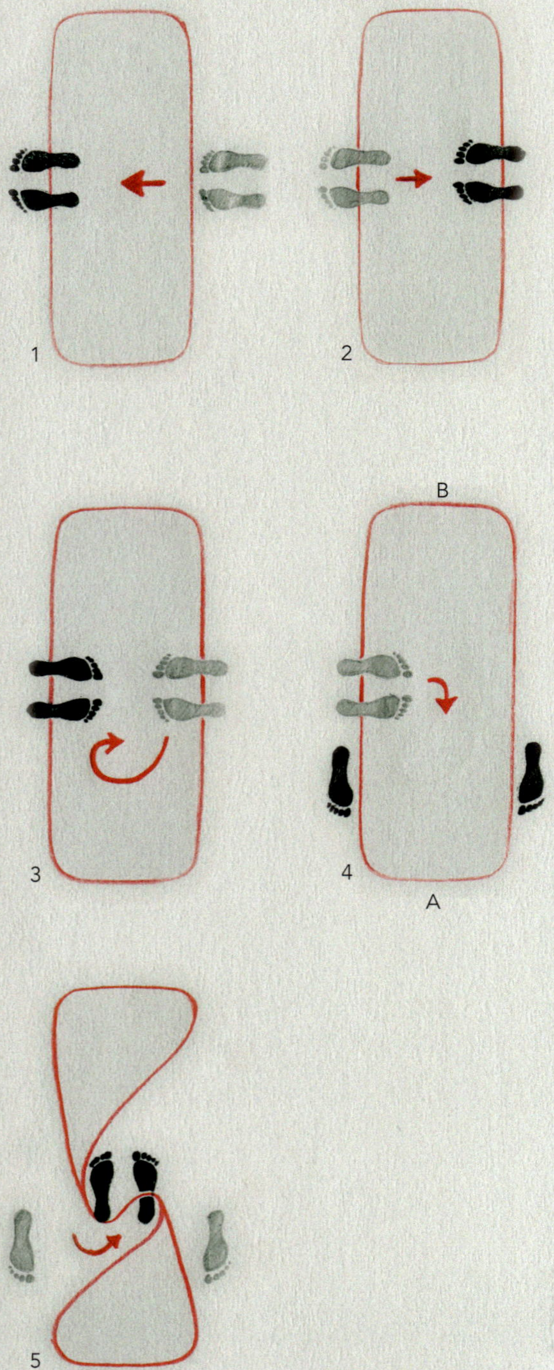

Zehnertwist

Der Zehnertwist ist ein Gummitwist für Fortgeschrittene und ältere Kinder. Er ist wirklich nicht leicht und braucht einiges an Übung, macht dann aber umso mehr Freude!

- Bild 1: Man steht vor den zwei Gummibändern und hüpft über das vordere auf das hintere Gummiband.
- Bild 2: Von da aus wird rückwärts auf das hinter einem liegende Gummiband gehüpft.
- Bild 3: Jetzt wieder mit einer Drehung um die eigene Achse (halbe Drehung) auf das andere Gummiband springen. Die Blickrichtung hat sich geändert.
- Bild 4: Nun einen Grätschsprung über beide Gummibänder mit einer Vierteldrehung. Man schaut Gummispanner A an.
- Bild 5: Als Nächstes die Beine zusammenstellen und eine halbe Drehung mit dem Gummi hüpfen, sodass der Blick zum Gummispanner B gerichtet ist.

- Bild 6: Nun hochspringen, das Gummiband sausen lassen, sodass es sich entwirrt, und eine halbe Drehung machen. Der Blick richtet sich wieder zu Gummispanner A.
- Bild 7: Es folgt ein Rückwärtssprung mit einer Vierteldrehung, und zwar so, dass der rechte Fuß unter dem Gummi und der linke Fuß auf dem Gummi stehen.
- Bild 8: Danach kommt erneut ein Sprung mit einer Vierteldrehung. Dabei nimmt der rechte Fuß das Gummiband mit über das andere gespannte Gummiband.
- Bild 9: Jetzt hochspringen, das Gummiband sausen lassen und mit einem Rückwärtssprung auf diesem Gummiband landen.
- Bild 10: Mit einem Rückwärtssprung und einer halben Drehung über das andere Gummiband wird diese Figurenfolge beendet.

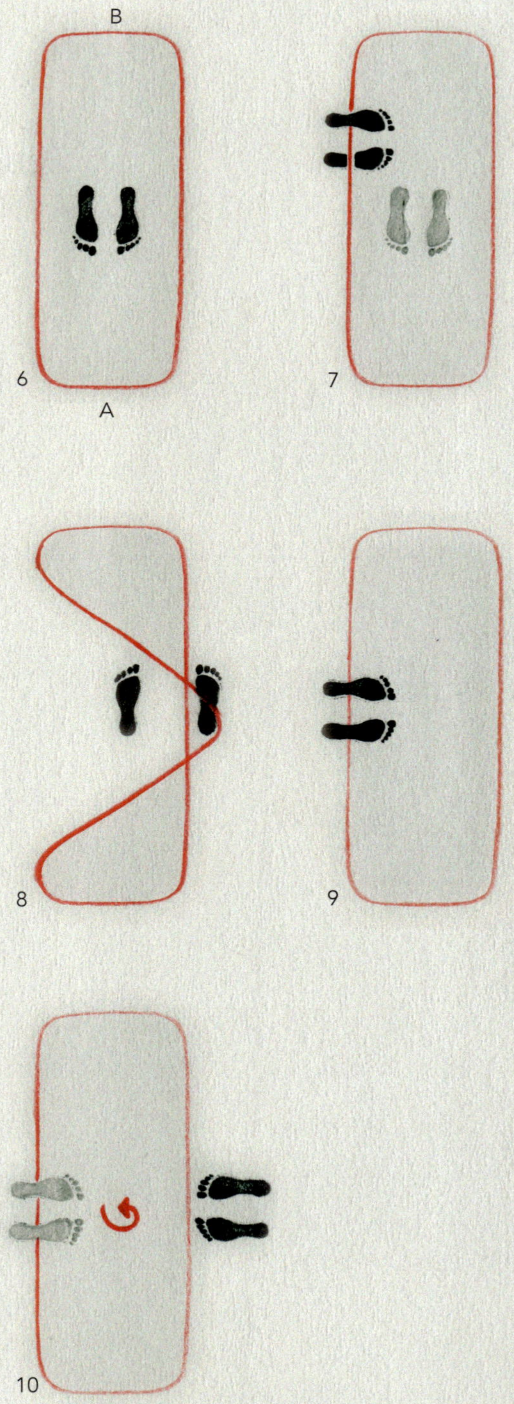

Gummitwist mit Häkelfiguren selbst herstellen

Um ein Gummitwist selbst herzustellen, benötigt man eigentlich nur ein Wäschegummi von 4 – 5 Meter Länge. Mit einem Knoten verbindet man die beiden Enden, und schon kann mit dem Hüpfen begonnen werden.

Schöner ist es jedoch, wenn man die Enden des Gummis 2 – 3 cm übereinanderlegt und mit kleinen Stichen zusammennäht. Auf diese Naht kann man dann noch kleine Häkelfiguren setzen. So bekommt das Gummitwist eine individuelle Note und wird von seinem Eigentümer auch schnell wiedererkannt.
Im Folgenden werden einige Häkelfiguren beschrieben, die sich gut aus Baumwollresten herstellen lassen. Wer ein bisschen mit Baumwollfaden und Häkelnadel umgehen kann, wird sicher auch eigene Figuren entwerfen können.

Tipp
So ein persönlich hergestelltes Gummiband ist ein schönes Geschenk – oder eine tolle Idee für eine Geburtstagsfeier!

Einfache Blüte

Material

- Topflappengarn (dickes Baumwollgarn) in zwei unterschiedlichen Farben
- Häkelnadel Nr. 3

Anleitung

6 Luftmaschen anschlagen, mit 1 Kettmasche in die erste Luftmasche den Ring schließen.

1. Runde: 1 Luftmasche anschlagen, in den Ring 8 feste Maschen häkeln, die Runde mit einer Kettmasche schließen.

2. Runde: 1 Luftmasche anschlagen, in jede Masche der vorhergehenden Runde 2 feste Maschen häkeln, mit 1 Kettmasche die Runde schließen, Faden abschneiden und durch die Schlaufe ziehen.

3. Runde: Mit einer neuen Farbe 1 Luftmasche anschlagen, 1 feste Masche häkeln, jetzt 1 Masche der Vorrunde überspringen, dann 5 Stäbchen in eine Masche der Vorrunde häkeln, 1 Masche der Vorrunde überspringen, 1 feste Masche usw., bis die Runde ausgefüllt und eine Blume zu erkennen ist.

Nachdem die Fäden vernäht sind, kann die Blume mit einem Knopf am Gummi festgenäht werden.

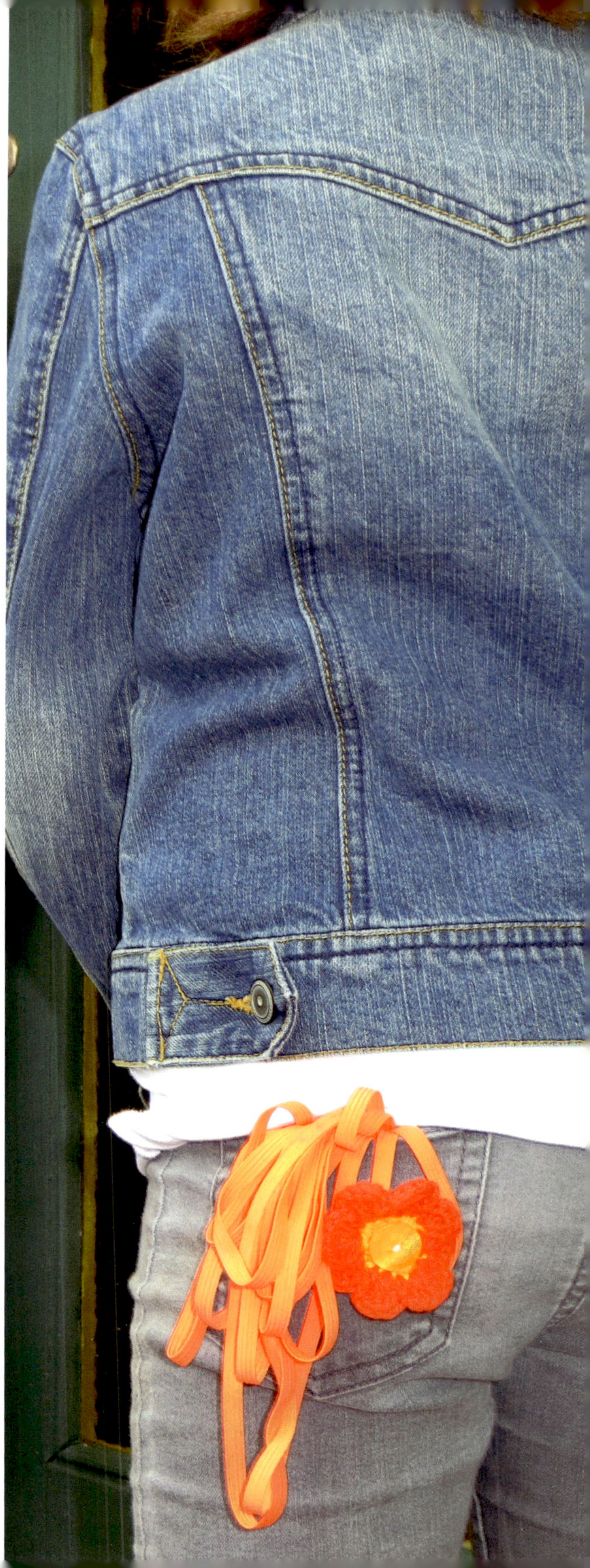

Doppelreihige Blüte mit Blättern

Material

- Topflappengarn (dickes Baumwollgarn) in drei unterschiedlichen Farben
- Häkelnadel Nr. 3

Anleitung Blüte

6 Luftmaschen anschlagen und mit 1 Kettmasche in die erste Luftmasche den Ring schließen.

1. Runde: 1 Luftmasche anschlagen, in den Ring 10 feste Maschen häkeln, die Runde mit 1 Kettmasche schließen.

2. Runde: 6 Luftmaschen anschlagen, in die zweite feste Masche der Vorrunde 1 feste Masche, 5 Luftmaschen und 1 feste Masche; die zweite feste Masche der Vorrunde überspringen. In die dritte feste Masche der Vorrunde wieder 1 feste Masche, 5 Luftmaschen und 1 feste Masche häkeln. So bis zum Ende der Runde weiterarbeiten. Mit 1 Kettmasche in die letzte feste Masche der Vorrunde die Runde schließen, den Faden abschneiden und durch die Schlaufe ziehen.

3. Runde: Mit einer neuen Farbe 1 Luftmasche häkeln; in die erste feste Masche der 1. Runde, die in der 2. Runde übersprungen wurde, 1 feste Masche und 3 Stäbchen von vorne häkeln. Das Gleiche in jeder weiteren übersprungenen festen Masche tun. Mit 1 Kettmasche die Runde schließen und den Faden abschneiden.

4. Runde: In dieser Runde wird der zweite Blütenblätterring in die Luftmaschenschlaufen von der 2. Runde gearbeitet.

Mit einer festen Masche von hinten in eine feste Masche der 2. Runde beginnen; jetzt 5 Stäbchen in eine Luftmaschenschlaufe der 2. Runde häkeln; es folgt feste Masche auf feste Masche, bis die Runde zu Ende ist. Diese mit einer Kettmasche schließen. Den Faden abschneiden, durch die Schlaufe ziehen und vernähen.

Anleitung Blätter

10 Luftmaschen aus grünem Garn anschlagen, in die zweite Luftmasche 1 feste Masche häkeln, dann in jede weitere Luftmasche 1 Stäbchen. Die letzte Masche ist wieder eine feste Masche.

Nachdem ein zweites Blatt gehäkelt wurde, die Fäden vernähen und die Blätter von unten an der Blüte befestigen.

Zum Schluss alles mit einem kleinen Knopf – oder auch ohne – am Gummi anbringen.

Schnecke

Material

- Topflappengarn (dickes Baumwollgarn) in zwei unterschiedlichen Farben
- Häkelnadel Nr. 3

Anleitung

16 Luftmaschen anschlagen.

1. Reihe: Ab der zweiten Luftmasche feste Maschen bis zum Ende der Reihe häkeln.

2. Reihe: 1 Luftmasche anschlagen, ab der zweiten festen Masche der Vorrunde feste Maschen bis zum Ende der Reihe häkeln. Den Faden abschneiden, durch die Schlaufe ziehen und vernähen.

3. Reihe: In der Mitte des Schneckenkörpers 7 feste Maschen in einer anderen Farbe häkeln.

4. Reihe: Mit der ersten Farbe feste Maschen häkeln, jedoch am Anfang und am Ende 1 Masche weniger arbeiten.

5. Reihe: Mit der zweiten Farbe 3 feste Maschen häkeln, den Faden abschneiden, durch die Schlaufe ziehen und vernähen. Zum Schluss mit der ersten Farbe nochmals über das ganze Schneckenhäuschen feste Maschen häkeln. Nun alle Fäden vernähen. Für die beiden Fühler einen Faden am Kopf durchziehen und jeweils an den Enden verknoten.

Auto

Material

- dickes Baumwollgarn in Rot, Blau und Gelb
- Häkelnadel Nr. 3

Anleitung Karosserie

21 Luftmaschen mit rotem Garn anschlagen.

1. Reihe: Ab der zweiten Luftmasche feste Maschen bis zum Ende der Reihe häkeln und wenden.

2. Reihe: 1 Luftmasche anschlagen, ab der zweiten festen Masche der Vorrunde feste Maschen bis zum Ende der Reihe häkeln und wenden.

3. Reihe: 1 Luftmasche, ab der zweiten festen Masche der Vorrunde feste Maschen bis zum Ende der Reihe (die Reihen verkürzen sich!) häkeln und wenden.

4. Reihe: 1 Luftmasche anschlagen, ab der zweiten festen Masche der Vorrunde feste Maschen bis zum Ende der Reihe häkeln und wenden.

5. Reihe: 1 Luftmasche anschlagen, ab der zweiten festen Masche der Vorrunde feste Maschen bis zum Ende der Reihe häkeln und wenden.

6. Reihe: 1 Luftmasche anschlagen, ab der zweiten festen Masche der Vorrunde feste Maschen bis zum letzten Drittel der Reihe (13 Maschen) häkeln und wenden.

7. Reihe: 1 Luftmasche anschlagen, ab der zweiten festen Masche der Vorrunde 7 feste Maschen häkeln und wenden.
8. Reihe: 1 Luftmasche anschlagen, ab der zweiten festen Masche der Vorrunde feste Maschen bis zum Ende der Reihe häkeln und wenden.
9. Reihe: 1 Luftmasche anschlagen, ab der zweiten festen Masche der Vorrunde feste Maschen bis zum Ende der Reihe häkeln und wenden.
10. Reihe: 1 Luftmasche anschlagen, ab der zweiten festen Masche der Vorrunde feste Maschen bis zum Ende der Reihe häkeln.

Den Faden abschneiden, durch die Schlinge ziehen und vernähen.

Anleitung Räder

6 Luftmaschen mit gelbem Garn anschlagen, mit einer Kettmasche in die erste Luftmasche den Ring schließen.

1. Runde: 1 Luftmasche, in den Ring 8 feste Maschen häkeln.
2. Runde: Mit dem blauen Garn 1 Luftmasche anschlagen, in jede Masche der vorhergehenden Runde 2 feste Maschen häkeln, mit 1 Kettmasche die Runde schließen.

Den Faden abschneiden, durch die Schlinge ziehen und vernähen. Ein zweites Rad ebenso häkeln. Die Räder an der entsprechenden Stelle an der Karosserie festnähen.

Anleitung Fenster

5 Luftmaschen mit blauem Garn anschlagen (eine Luftmasche ist für die Wende), in jede Luftmasche 1 feste Masche, 1 Luftmasche zum Wenden usw. häkeln. Insgesamt 4 Reihen häkeln, sodass ein rechteckiges Teil entsteht, welches als Fenster am Auto festgenäht wird.

Anleitung Vorder- und Rücklicht

Die Lichter werden mit 3 festen Maschen in einem Loch für das Rücklicht und mit 3 Stäbchen in einem Loch für das Vorderlicht gehäkelt. Die abgeschnittenen Baumwollfäden jeweils vernähen.

Nun kann das Auto am Gummi befestigt werden und macht sich nicht nur gut am Bein von Jungs!

Schiffchen

Material

- Topflappengarn (Baumwollgarn) in vier unterschiedlichen Farben
- Häkelnadel Nr. 3

Anleitung Rumpf

10 Luftmaschen anschlagen. Eine Luftmaschse ist zum wenden. Ab der zweiten Luftmasche feste Maschen bis zum Ende der Reihe häkeln; 1 Luftmasche zum Wenden anschlagen. In jede feste Masche der Vorrunde 1 feste Masche und in die letzte feste Masche 2 Maschen häkeln.
Insgesamt werden 6 Reihen so gehäkelt, dass immer in die letzte Masche der Vorrunde 2 feste Maschen kommen. Es entsteht der Rumpf des Schiffchens.

Anleitung Segel

Für das Segel werden in der Mitte des Rumpfes 5 feste Maschen gehäkelt. An einer Seite wird in jeder Reihe eine feste Masche weniger gehäkelt, bis nur noch eine Masche übrig bleibt und ein längliches Dreieck wie bei einem Segel entstanden ist.
Beginnend mit einer festen Masche an einem Ende des

Schiffchens werden Luftmaschen bis zur Segelspitze – dort eine feste Masche häkeln – und Luftmaschen bis zum anderen Ende des Schiffchens gehäkelt und mit einer festen Masche am Rumpf befestigt. Nun alle Fädchen vernähen.

Anleitung Rettungsring und Bullauge

Für Rettungsring und Bullauge jeweils 8 Luftmaschen anschlagen und mit 1 Kettmasche den Ring schließen.
In den Ring 8 – 10 feste Maschen häkeln und die Runde mit 1 Kettmasche beenden.
Mit Nähgarn Bullauge und Rettungsring am Schiffchen festnähen. Zum Schluss noch das Schiffchen am Gummi festnähen – schon kann es in die Hüpfspielsee stechen!

Vogel

Material

- Topflappengarn (dickes Häkelgarn) in fünf Farben
- Häkelnadel Nr. 3

Anleitung

6 Luftmaschen anschlagen, mit 1 Kettmasche in die erste Luftmasche den Ring schließen.

1. Runde: 1 Luftmasche anschlagen, in den Ring 10 feste Maschen häkeln, die Runde mit 1 Kettmasche schließen, Faden hängen lassen.

2. Runde: Mit einer neuen Farbe 1 Luftmasche anschlagen. In jede feste Masche der Vorrunde 2 feste Maschen häkeln, Faden hängen lassen.

3. Runde: Mit einer neuen Farbe 1 Luftmasche anschlagen; in jede zweite Masche der Vorrunde 2 feste Maschen häkeln; d.h. einmal 1 feste Masche, dann 2 feste Maschen, dann wieder 1 feste Masche, bis die Runde zu Ende ist. Mit 1 Kettmasche die Runde abschließen, Faden hängen lassen.

4. Runde: 1 Luftmasche in der Farbe, mit der das Vögelchen begonnen wurde, anschlagen. In jede erste und zweite Masche der Vorrunde 1 feste Masche und in jede dritte Masche der Vorrunde 2 feste Maschen häkeln, bis die Runde zu Ende ist. Mit einer Kettmasche abschließen. Auch diesen Faden nicht abschneiden!

Anleitung Schwänzchen

Mit diesem Faden 1 Luftmasche anschlagen, dann 5 feste Maschen auf den «Körper» häkeln, 1 Luftmasche zum Wenden und nur noch 4 feste Maschen häkeln, dann wieder 1 Luftmasche zum Wenden und 3 feste Maschen, 1 Luftmasche zum Wenden und 2 feste Maschen häkeln. Jetzt den Faden abschneiden und durch die Schlaufe ziehen.

Anleitung Kopf

Gegenüber vom Schwänzchen wird der Kopf platziert. Mit der gleichen Farbe wie das Schwänzchen 1 Luftmasche anschlagen, 1 feste Masche, 4 Stäbchen und 1 feste Masche häkeln. Dann vom «Körper» aus einmal um den Kopf herum feste Maschen häkeln, um den Kopf abzurunden.

Zum Schluss mit blauer, schwarzer oder grüner Baumwolle ein Auge auf den Kopf und mit roter Baumwolle ein Schnäbelchen sticken. Nachdem alle Fäden vernäht wurden, kann der Vogel an einem Hüpfgummi festgenäht werden.

Murmelspiele

Das Besondere an Murmelspielen ist, dass man nur eine Handvoll Murmeln braucht und eine einigermaßen ebene Fläche. Man kann also fast überall spielen: auf einer Spielstraße, im Sandkasten oder am Strand, auf dem Erdboden eines Wanderweges, dem Asphaltweg im Park oder auf einem Tisch, auf einem glatten Teppich oder dem Holzfußboden.
Je nachdem, wie der Untergrund für das Murmelspielen beschaffen ist, rollen die Kugeln langsamer oder schneller. Darum ist eine Proberunde vor dem eigentlichen Spiel zu empfehlen.
Im Sand oder auf Erdboden kann man die benötigten Markierungen mit einem Stöckchen ziehen. Für eine Stein- oder Asphaltfläche benötigt man ein Stück Kreide (Anleitung zum Selbermachen siehe S. 38) oder einen abfärbenden Stein (Ziegel, Ytong).
Auf Teppichböden kann man einen Kreis oder die Abwurflinie mit einem Wollfaden markieren, auf Holzböden eignet sich auch Kreppband gut.

Techniken

Um die Kugel in Bewegung zu bringen, gibt es unterschiedliche Techniken:

Einfaches Werfen: Eine Murmel wird zwischen zwei oder mehrere Finger genommen und von einer Abwurflinie aus geworfen.
Daumenschuss: Die Murmel wird auf den gekrümmten Zeigefinger gelegt und mit dem Daumen weggeschnipst. Der Handballen liegt dabei ruhig auf der Abwurflinie.
Schnippen oder Schussen: Die Murmel liegt auf der Abwurflinie. Dahinter ist die Hand abgelegt. Der Zeige- oder Mittelfinger berührt die Daumenspitze und schnipst die Murmel weg.

Für Murmelspiele gibt es eine Reihe von Regeln. Bevor man mit einem Spiel beginnt, sollte besprochen werden, nach welchen Regeln man spielen möchte, damit es für alle klar ist und es keine Auseinandersetzung gibt. Dazu gehört auch, mit welcher Schusstechnik gespielt wird.
Da es sehr unterschiedliche Murmeln gibt – Farbe, Material, Größe – und man ihren Wert sehr individuell festlegt, sollte man nur mit Murmeln spielen, die für alle Spielpartner gleich sind. Besondere und für einen selbst wertvolle Murmeln bewahrt man besser gesondert auf, um sie nicht beim Spiel zu verlieren. Gewonnene Murmeln dürfen selbstverständlich behalten werden, es sei denn, man verabredet etwas anderes.

Schatzsuche

- mehrere Mitspieler
- beliebige Anzahl von Murmeln
- evtl. Sandschaufel und Sieb

In einem Sandkasten wird eine beliebige Anzahl von Murmeln vergraben. Am Strand oder in einem sehr großen Sandkasten kann man mit einem Finger oder einem Stöckchen ein begrenztes Feld kennzeichnen.
Entweder mit bloßen Händen oder mit Schaufel und Sieb wird der Sand nach Murmeln durchsucht. Jeder darf die Murmeln, die er findet, behalten.

Eier im Nest

- 2 Mitspieler
- 5 Murmeln für jeden Mitspieler pro Spielrunde
- einige Murmeln zum Ausbezahlen

Es spielen jeweils zwei Kinder zusammen. Jedes besitzt 5 Murmeln. Hinter dem Rücken nimmt ein Kind eine bestimmte Anzahl dieser 5 Murmeln in die Hand, mindestens jedoch eine, umschließt sie mit einer Faust und zeigt sie seinem Gegenüber. Es fragt: «Wie viele Eier sind in meinem Nest?»

Das andere Kind rät eine Zahl zwischen 1 und 5. Die Faust wird geöffnet. Stimmt die geratene Zahl mit den Murmeln in der Hand überein, erhält das Kind, welches richtig geraten hat, diese Murmeln. Wurde jedoch falsch geraten, muss die Differenz zur tatsächlichen Murmelanzahl ermittelt werden. Diese wird vom Ratenden an denjenigen, der die Murmeln in der Faust hielt, «ausbezahlt».

Beispiel

3 Murmeln befinden sich in der Hand des einen Kindes. Das andere sagt «4». Nun muss es eine Murmel an den ersten Spieler abgeben. Dieser darf die gewonnenen Murmeln behalten.
Jetzt werden die Rollen getauscht. Das andere Kind, das geraten hatte, darf nun hinter dem Rücken 1 – 5 Murmeln in einer Hand verstecken.

Einlochen

- mehrere Mitspieler
- 10 Murmeln für jeden Mitspieler
- Papier, Stift, Schere

Jeder Mitspieler macht ein faustgroßes Loch in den Sand oder Boden. Alle Löcher sind in einer Reihe nebeneinander angeordnet. Auf ein Blatt Papier schreiben die Teilnehmer jeweils den Anfangsbuchstaben ihres Vornamens, schneiden ihn rund aus und legen ihn in ihr Sandloch. So hat jeder seine Mulde zum Spielen.
Nun gehen alle drei große Schritte zurück. Von hier aus versuchen die Spieler der Reihe nach, jeweils eine ihrer Murmeln in das eigene Loch zu rollen. Fällt die Murmel in eine fremde Mulde, erhält derjenige einen Punkt, dem diese gehört. Rollt sie in die eigene Kuhle, bekommt man natürlich selbst einen Punkt. Rollt sie jedoch vorbei, gibt es für keinen einen Punkt. Sind alle 10 Murmeln gerollt, werden die Punkte zusammengezählt und so der Gewinner ermittelt.

Torwand rollen

- mehrere Mitspieler
- Schuhkarton
- 10 Murmeln für jeden Spieler
- Papier, Stift und Schere

Auf die Längsseite eines Schuhkartons werden fünf unterschiedlich große Tore gemalt und ausgeschnitten. Über das breiteste Tor wird die Ziffer 1 geschrieben und über das schmalste die Ziffer 5. Die anderen Ziffern werden entsprechend vergeben.
Die fertige Torwand wird auf einer ebenen Fläche aufgestellt. Von der Torwand aus zählt man drei große Schritte und markiert auf dem Boden einen Strich. Ab dieser Markierung dürfen die Spieler versuchen, jeweils ihre 10 Murmeln in die Tore zu rollen.
Die meisten Punkte können im kleinsten und schwierigsten Tor erzielt werden. Es zählen nur die Murmeln, die durch das Tor gerollt sind. Die Punkte werden zusammengezählt und aufgeschrieben. Gewonnen hat, wer die meisten Punkte erzielt.

Variante

Man kann auch 10 Punkte vorgeben. Diese müssen dann durch Treffer in die Tore «abgeschossen» werden. Wer zuerst null Punkte hat, ist der Sieger.

Tic-Tac-Toe

- 2 Mitspieler
- 5 – 10 Murmeln in einer Farbe für jeden Mitspieler
- Stöckchen oder Straßenmalkreide

Dieses Spiel ist als Schreibspiel bekannter. Es kann aber auch als Murmelspiel ausgetragen werden. Auf die Spielfläche werden 9 gleich große Felder gemalt.
Zwei bis drei Schritte davon entfernt befindet sich eine Wurflinie. Von dort aus spielen zwei Spieler abwechselnd gegeneinander. Nacheinander versuchen die Spieler in drei waagrecht, senkrecht oder diagonal nebeneinander liegende Felder je eine Murmel zu schnippen.
Erlaubt ist auch, mit der eigenen Murmel die des anderen Mitspielers aus dem Feld zu stoßen, damit dieser keine drei Murmeln in einer Reihe erzielt.

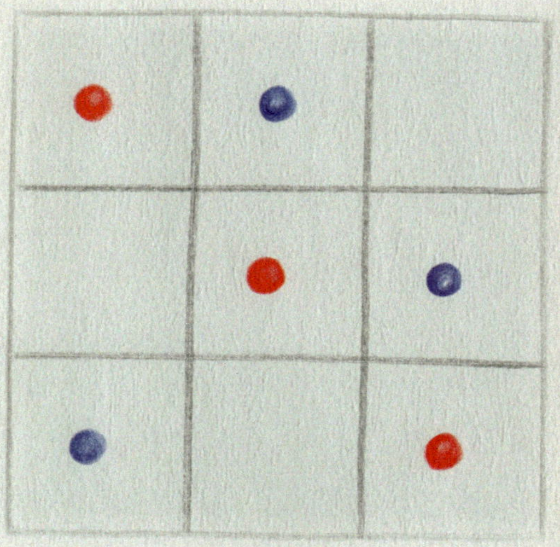

Murmelfänger

- mehrere Mitspieler
- 5 Murmeln für jeden Mitspieler

Auf dem Boden werden vier Murmeln in eine Reihe gelegt. Der erste Spieler wirft seine fünfte Murmel in die Luft, hebt eine Murmel vom Boden auf und versucht, die Murmel in der Luft wieder zu fangen. Gelingt ihm das, darf er erneut eine Murmel in die Luft werfen, eine vom Boden aufheben und versuchen, die fallende Murmel in der Luft zu fangen. Wer es als Erster schafft, alle Murmeln nacheinander aufzuheben, hat gewonnen.
Gelingt es einmal nicht, die Murmel in der Luft zu fangen, kommt der nächste Spieler mit seinen 5 Murmeln an die Reihe. In der nächsten Runde darf wieder dort weitergemacht werden, wo man vorher aufhören musste.

Murmeln kollern

- 2 – 4 Mitspieler
- mehrere Murmeln für jeden Mitspieler

Der Reihe nach wirft jeder Spieler eine Murmel auf das zuvor festgelegte Spielfeld. In der nächsten Runde versucht jeweils ein Spieler, seine Murmel von der Stelle aus, an der sie liegt, auf eine andere Murmel zu schnippen. Wird die andere Murmel getroffen, erhält der schnippende Spieler vom Getroffenen eine Murmel. Gewonnen hat, wer am Ende die meisten Murmeln treffen konnte.

Murmeln an die Wand

- mehrere Mitspieler
- mehrere Murmeln für jeden Mitspieler

Die Mitspieler stehen 3 – 4 Schritte von der Wand entfernt. Der Reihe nach versucht jeder, seine Murmel so nah wie möglich zur Wand zu rollen. Gewonnen hat, wer der Wand am nächsten ist. Er darf alle geworfenen Murmeln behalten.

Murmelparcours

- 2 – 4 Mitspieler
- mindestens eine Murmel für jeden Spieler
- unterschiedliche Gegenstände, die gerade zur Verfügung stehen: Schuh, Brotdose, Mütze, Ball, Sonnencremetube …
- Stöckchen oder Straßenmalkreide

Zunächst baut man mit den zur Verfügung stehenden Gegenständen einen Parcours auf. Mit einem Stöckchen oder mit Straßenmalkreide wird der Weg zwischen den Gegenständen aufgemalt. Zum Schluss werden noch eine Start- und eine Ziellinie festgelegt. Der Reihe nach versuchen nun die Spieler, ihre Murmel von der Start- bis zur Ziellinie zu schnippen. Gewonnen hat, wer zuerst die Ziellinie mit den wenigsten Schnippern überquert.

Regeln

- Es werden die Schnipper von der Start- bis zur Ziellinie gezählt.
- Wer ein Hindernis berührt oder mehr als eine Handbreit vom Weg abkommt, muss zurück zur Startlinie und darf erst in der nächsten Runde wieder mitspielen.

MURMEL BOULE

- 2 Spieler oder 2 Mannschaften
- 5 Murmeln in einer Farbe und Größe für jeden Spieler
- eine größere Murmel

Die größere Murmel wird auf die Spielfläche geworfen. Von der Wurflinie aus versucht der erste Spieler, eine Murmel so nah wie möglich an die große Murmel zu werfen oder zu rollen.

Dann kommt der gegnerische Spieler an die Reihe. Auch er versucht, eine Murmel sehr nah an die große Murmel zu platzieren.

So geht es abwechselnd weiter, bis jeder seine 5 Murmeln geworfen hat.

Der Sieger erhält eine Murmel vom Verlierer und darf die große Murmel auf die Spielfläche werfen.

Wird das Spiel mit mehreren gespielt, darf jeder in der Mannschaft nur eine Murmel werfen. Dadurch, dass jede Mannschaft eine andere Farbe hat, lässt sich gut feststellen, wer gewonnen hat.

Rauswerfer

- mehrere Spieler
- mehrere Murmeln pro Spieler
- Straßenmalkreide oder Stöckchen

Mit einem Stöckchen oder Straßenmalkreide zeichnet man einen tellergroßen Kreis auf. Man kann aber auch mit einem Faden oder Schnürsenkel einen Kreis legen.
Jeder Spieler legt eine Murmel hinein. Nacheinander lassen die Mitspieler eine Murmel aus Brusthöhe in den Kreis fallen. Wer es schafft, durch seinen Treffer eine Murmel aus dem Kreis zu werfen, darf diese behalten. Gelingt es nicht, bleibt seine Murmel im Kreis bei den anderen. Das Spiel ist zu Ende, wenn alle Murmeln aus dem Spielfeld hinausgeworfen wurden.

Ziellauf

- ein oder mehrere Spieler
- Deckel eines Schuhkartons
- Nagelschere, Buntstifte

Auf einen Schuhkartondeckel werden Ziel und Start aufgemalt. Dazwischen zeichnet man mindestens 7 kleine Kreise mit ca. 2 cm Durchmesser (Durchmesser an die Größe der Murmel anpassen). Mit einer Nagelschere werden diese ausgeschnitten. Nun kann jeder so, wie er möchte, das Spielfeld bemalen.

Spielvariante 1

Der Schuhkartondeckel wird mit beiden Händen festgehalten. Eine Murmel liegt auf «Start» und soll durch leichte Bewegungen des Deckels zum «Ziel» gerollt werden, ohne in ein Loch abzustürzen. Wer es schafft, hat gewonnen – oder einen Punkt, wenn mehrere Runden gespielt werden.

Spielvariante 2

Der Schuhkartondeckel wird wieder mit beiden Händen festgehalten. Die Murmel liegt bei «Start» und soll auf ihrem Weg zum Ziel der Reihe nach durch alle Löcher einmal durchfallen. Das klingt einfacher, als es in Wirklichkeit ist.
Ist die Murmel durch das erste Loch gefallen, wird von «Start» aus das zweite Loch angepeilt, dann das dritte Loch usw. Es wird immer von «Start» begonnen. Fällt die Murmel in ein Loch, das nicht an der Reihe war, muss man für diese Runde aussetzen und darf erst in der nächsten wieder dort weitermachen, wo man vorher aufhören musste.

Murmelpyramide

- mehrere Mitspieler
- mehrere Murmeln

Aus 4 Murmeln, eine von jedem Mitspieler, wird eine Pyramide gebaut. 3 Kugeln liegen unten, 1 obendrauf.
3 – 4 große Schritte davon entfernt zeichnet man die Wurflinie auf den Boden. Von hier aus werfen oder rollen die Spieler der Reihe nach und versuchen, die Pyramide zu treffen. Wer es schafft, darf die 4 Murmeln der Pyramide haben und alle Murmeln, die noch im Spielfeld liegen. Dann beginnt das Spiel erneut mit dem Bau einer Pyramide.

Murmelkegeln

- mehrere Mitspieler
- 3 Murmeln für jeden Spieler
- 5 Spielfiguren vom «Mensch ärgere dich nicht»
- Papier und Bleistift

Dieses Spiel kann man gut auf einem Tisch oder einer sehr glatten Fläche spielen. Die 5 Spielfiguren werden so aufgestellt, dass 3 in einer Reihe stehen und 2 Spielfiguren versetzt davor platziert werden. Drei große Schritte davon entfernt oder aber am anderen Ende des Tisches befindet sich die Wurflinie. Von da aus werden die Murmeln zu den Spielfiguren gerollt. Ein Spieler darf dreimal hintereinander rollen. Dann werden die umgefallenen Spielfiguren gezählt. Fallen bei der ersten Murmel alle 5 Figuren, gibt es 10 Punkte, bei der zweiten Murmel erhält man 5 Punkte, wenn alle Spielfiguren gefallen sind. Beim dritten Mal gibt es so viele Punkte, wie Spielfiguren liegen. Für den nächsten Spieler werden alle Figuren wieder aufgestellt.

Obsternte

- mehrere Mitspieler
- 4 Murmeln für jeden Spieler

Alle Spieler legen jeweils 3 ihrer Murmeln in eine lange Reihe. Das ist das Obst, welches geerntet werden soll. Die Murmeln sollten einen Fuß breit voneinander entfernt liegen. Fünf Schritte von dieser Murmelreihe entfernt wird eine Wurflinie gekennzeichnet. Von da aus wird geworfen. Wer eine Murmel getroffen hat, darf diese behalten. Wer nicht getroffen hat, nimmt seine Murmel wieder aus dem Spielfeld heraus.

Abräumen

- 2 – 4 Mitspieler
- 15 – 20 Murmeln für jeden Spieler

In den Boden wird eine faustgroße Kuhle gedrückt. Drei große Schritte davon entfernt markiert man eine Wurflinie.
Dann wird abgezählt, in welcher Reihenfolge die Teilnehmer spielen dürfen.
Der erste Spieler wirft 10 Murmeln gleichzeitig in Richtung Kuhle, sodass möglichst viele in der Grube landen.
Der zweite Spieler versucht, die danebenliegenden Murmeln in die Grube zu schnippen. Sobald er die Kuhle verfehlt, kommt der nächste Spieler an die Reihe.
Wer die letzte Murmel in die Grube schnippt, darf alle darin liegenden Murmeln behalten.
Eine neue Runde beginnt damit, dass der zweite Spieler 10 Murmeln in Richtung Kuhle wirft. Dann wird wie zuvor gespielt.

Murmeln vom Brett

- 2 Mitspieler
- mehrere Murmeln
- Brettchen, dicken Karton oder Buch

An eine Wand, eine Tür oder einen dicken Stein lehnt man ein Brettchen oder etwas Ähnliches.
Das erste Kind lässt eine Murmel herunterrollen, dann das zweite Kind.
Wird die Murmel des ersten Kindes getroffen, erhält das zweite die Murmeln. Wird sie nicht getroffen, bekommt das erste Kind beide Murmeln.
In der nächsten Runde wird die Reihenfolge getauscht.

Murmelkicker

- mehrere Mitspieler
- beliebige Anzahl von Murmeln
- Wollfaden oder Kreide, wenn im Haus gespielt wird

Auf dem Boden wird ein Kreis von ca. 30 – 35 cm Durchmesser gemalt oder gelegt.
Jeder Spieler legt 3 Murmeln in den Kreis. Im Abstand einer Fußlänge zur Kreislinie darf jeder Teilnehmer der Reihe nach eine Kugel in den Kreis schnippen.
Wird eine Murmel hinausgekickt, darf diese behalten werden, ebenso auch die eigene soeben gerollte Murmel.
Gewonnen hat, wer am Ende die meisten Murmeln hinauskicken konnte.

MURMELN SELBST BRENNEN

Der Büchsenbrand

Material

- Feuerschale oder Betonplatte zum Schutz des Untergrundes
- Konservendose (5 kg Inhalt)
- Dosenöffner
- altes Kuchengitter oder feiner Hasendraht, ca. 40 x 40 cm
- 3 Pflastersteine (oder etwas Vergleichbares)
- Holzkohle
- Grillanzünder
- lange Streichhölzer
- alte Topflappen oder Handschuhe
- Ton (rot, gelb, grau brennend)

Anleitung

Die Kinder rollen zwischen den Handinnenflächen aus dem Ton kleine Kügelchen. Diese sollten 1 – 1,5 cm Durchmesser haben. Mithilfe eines Bleistiftes oder Zahnstochers können die Tonkügelchen vorsichtig mit Mustern und Einkerbungen verziert werden. Danach sollen sie mindestens 3 – 4 Tage trocknen, da sie sonst beim Brennen platzen können.

Die Feuerstelle wird im Freien an einer möglichst windgeschützten Stelle aufgebaut.
Eine Feuerschale oder eine Betonplatte dient zum Schutz des Untergrundes vor Hitzeschäden. Auf der Feuerschale verteilen wir drei Pflastersteine. Darauf legen wir ein altes Kuchengitter oder den Hasendraht. Sollte dies zu grobmaschig sein, legen wir noch ein weiteres Stück Hasendraht darüber.
Bei der Konservendose werden mit einem Dosenöffner sowohl das Oberteil als auch der Boden entfernt, sodass ein kleines Rohr übrig bleibt. Dieses Rohr stellen wir auf das Drahtgitter.
Zunächst legen wir einen Grillanzünder in der Dose auf das Gitter. Dann füllen wir mit ca. 8 – 10 cm Grillkohle auf. Jetzt legen wir im Wechsel eine Schicht Tonkügelchen – diese sollten nicht zu dicht liegen – und eine Schicht Grillkohle ein. Die letzte Schicht muss Grillkohle sein.
Nun zünden wir von unten unseren «Brennofen» an. Der Brand braucht ungefähr 4 – 5 Stunden.
Ist die Glut erloschen (bitte nicht mit Wasser löschen!) und nur noch Asche in der Dose übrig, können die Murmeln vorsichtig herausgenommen werden.

Tipp

Aus Sicherheitsgründen sollte man einen Eimer Wasser in der Nähe der Feuerstelle haben.
Will man mit einer Kindergartengruppe, einer Schulklasse oder einer anderen Gruppe Murmeln brennen, hat es sich

als hilfreich erwiesen, einen Kreis um die Feuerstelle zu bilden. So können alle sehen, was in der Mitte geschieht. Dann verteilt man einzelne Rollen, damit am Ende alle am Prozess beteiligt waren, beispielsweise einen «Sicherheitsbeauftragten», der darauf achtet, dass alle im Kreis stehen bleiben und nicht zu nahe an den Brand gehen. Oder einen «Grillmeister», der die Kohle in die Dose füllt, einen «Feuerexperten», der den «Ofen» anzünden darf, und natürlich «Feuerwehrleute», die im Wechsel die Feuerstelle bewachen. Zum Schluss braucht es einen «Rechtsanwalt», der dabei hilft, die erkalteten Murmeln gerecht zu verteilen.

Der Brand in der Erdgrube

Material

- Spaten
- alte Zeitungen
- Stroh oder Heu
- Sägemehl und Sägespäne, erhältlich in Schreinereien oder beim Werklehrer
- altes Kuchengitter oder Hasendraht
- Grillanzünder
- lange Streichhölzer
- Holzscheite
- Ton

Anleitung

Ebenso wie beim Büchsenbrand werden die Tonkügelchen vorbereitet.

Für die Feuerstelle wird im Garten oder auf einer Wiese ein ca. 60 cm tiefes Loch mit einem Spaten ausgehoben. Die Erdgrube sollte einen Durchmesser von ca. 35 – 40 cm haben.

Zunächst wird der Boden der Grube 8 – 10 cm mit einer Mischung aus Stroh und Zeitungspapierschnipseln bedeckt. Einige Grillanzünder werden darin versteckt. Darüber streut man drei bis vier Handvoll Sägespäne.

Dann folgt der Hasendraht oder das alte Kuchengitter. Dies sollte so engmaschig sein, dass die Tonkügelchen

nicht durchfallen. Auf den Draht oder das Gitter kommen die Kügelchen. Sie werden umhüllt und bedeckt mit einer Mischung aus Stroh und Zeitungspapierschnipseln. Darüber werden mehrere Hände voll Sägemehl gestreut. Das Tongut sollte ca. 8 cm hoch bedeckt sein.

Es folgt eine weitere Schicht aus Stroh und Zeitungsschnipseln. Diese wird mit Sägespänen bedeckt. Darauf verteilt man einige Grillanzünder und weitere Zeitungspapierschnipsel.

Zum Schluss werden die Holzscheite aufgestellt und angezündet. Die Flammen zündeln und das Holz brennt langsam ab. Eventuell muss nochmals Holz nachgelegt werden, denn das Feuer sollte ungefähr eine Stunde brennen. Das abgebrannte Holz wird mit Sägemehl oder Erde abgedeckt.

Es ist darauf zu achten, dass sich um die Feuerstelle herum nichts befindet, was leicht brennbar ist, um eine ungewollte Ausdehnung zu vermeiden

Am nächsten Tag hat sich die Glut bis auf den Grund der Grube durchgearbeitet, und durch die hohen Temperaturen, die dabei entstanden sind, sind die Tonkugeln gebrannt.

Erst wenn die Brennstelle ganz erkaltet ist, nimmt man zwischen der Asche die gebrannten Murmeln heraus. Diese haben beim Erdgrubenbrand eine andere Farbe als beim Blechdosenbrand.

Man kann sie nun so natürlich belassen oder aber mit entsprechenden Farben bemalen

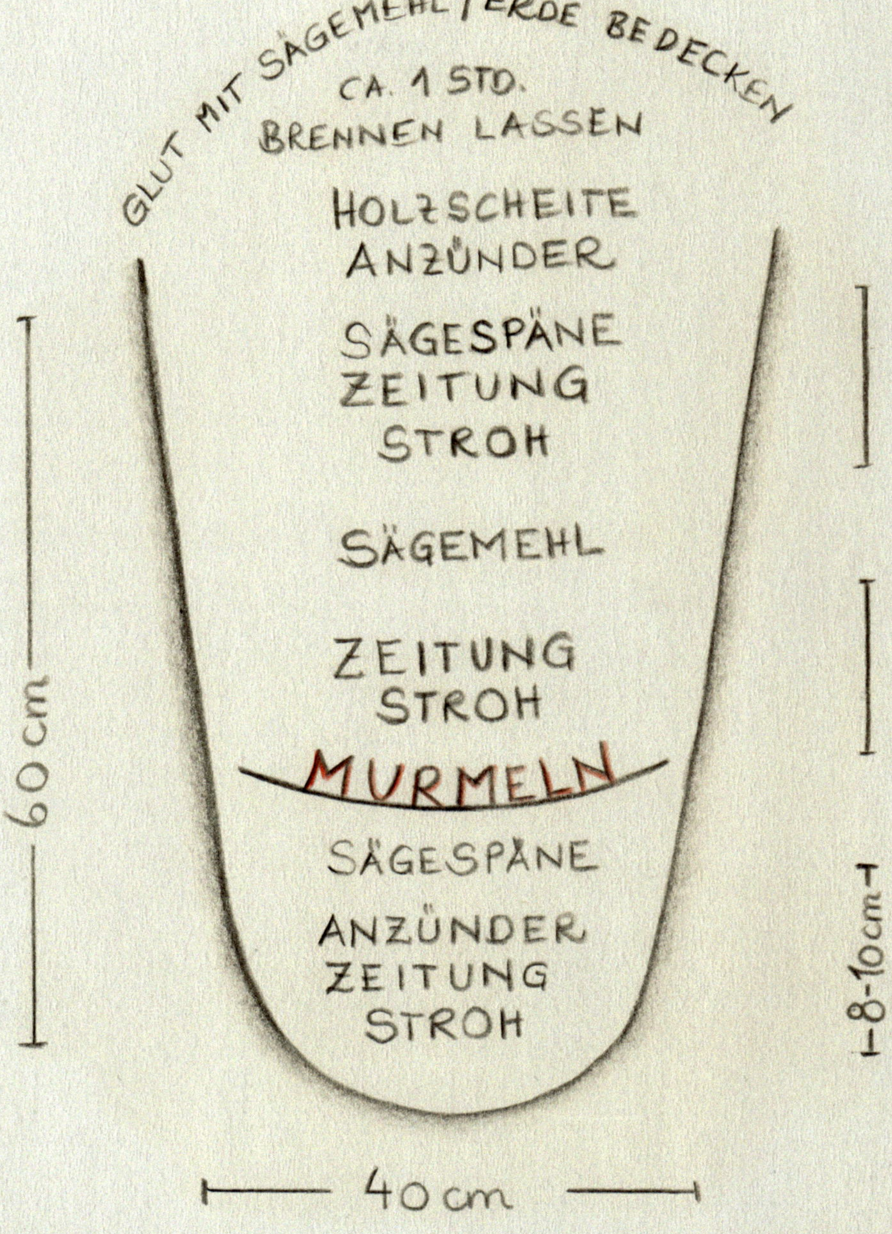

GLUT MIT SÄGEMEHL / ERDE BEDECKEN
CA. 1 STD.
BRENNEN LASSEN
HOLZSCHEITE
ANZÜNDER
SÄGESPÄNE
ZEITUNG
STROH
SÄGEMEHL
ZEITUNG
STROH
MURMELN
SÄGESPÄNE
ANZÜNDER
ZEITUNG
STROH
60 cm
8-10 cm
40 cm

Murmelsäckchen häkeln

Material

- Topflappengarn (dickes Baumwollgarn) in mehreren Farben
- Häkelnadel Nr. 3

Anleitung

6 Luftmaschen anschlagen und mit 1 Kettmasche in die erste Luftmasche den Ring schließen.

1. Runde: 1 Luftmasche anschlagen, in den Ring 8 feste Maschen häkeln, die Runde mit 1 Kettmasche schließen.

2. Runde: 1 Luftmasche anschlagen, in jede Masche der Vorrunde 2 feste Maschen häkeln, mit 1 Kettmasche die Runde abschließen.

3. Runde: 1 Luftmasche anschlagen, in jede zweite Masche der Vorrunde 2 feste Maschen häkeln, d.h. einmal 1 feste Masche, dann 2 feste Maschen, dann wieder 1 feste Masche, bis die Runde zu Ende ist. Mit 1 Kettmasche die Runde abschließen.

4. Runde: 1 Luftmasche anschlagen, in jede erste und zweite Masche der Vorrunde 1 feste Masche häkeln, in jede dritte Masche der Vorrunde 2 feste Maschen häkeln, mit 1 Kettmasche die Runde abschließen. Es entsteht ein flacher Kreis, der zum Boden des Säckchens wird.

Ab der **5. Runde** wird nicht mehr zugenommen, es sei denn, das Säckchen soll größer werden.

Für das Murmelsäckchen können Garnreste in unterschiedlichen Farben verwendet werden. Es entstehen bunt geringelte Säckchen.
Um einen schönen Farbwechsel zu gestalten, wird bereits die letzte Kettmasche der Vorrunde mit der neuen Farbe abgemascht.
Die Fadenenden beider Farben werden auf ca. 5 – 6 cm abgeschnitten und auf die Maschen der Vorrunde gelegt. Mit den folgenden Maschen wird einfach darübergehäkelt. So sind End- und Anfangsfaden in den Maschen versteckt, also vernäht.

Es können aber auch kleine Muster gehäkelt werden, zum Beispiel, indem wir nach einem Farbwechsel jede 3. Masche eine Reihe tiefer, also in die andere Farbe, einstechen.
Wir können aber auch im Wechsel zwei Maschen mit der einen Farbe und zwei Maschen mit einer anderen Farbe häkeln. Unterschiedliche Muster und Farbwechsel geben dem Murmelsäckchen seine individuelle Note. So kann sein Besitzer es leicht von anderen unterscheiden.
Am Schluss wird in einer passenden Farbe ein Garnfaden doppelt gedreht und als Verschlusskordel eingezogen.

Murmelsäckchen aus Leder

Material

- Lederreste (alte Lederjacke)
- Schere
- Lochzange
- Lederband

Anleitung

Auf ein Stück Leder malt man mithilfe eines Zirkels einen Kreis und schneidet ihn aus.

Ungefähr 1 – 1,5 cm vom Rand entfernt markiert man mit einem Stift die Stellen für die Lochungen. Der Abstand zwischen den Löchern soll ca. 1,5 cm betragen. Die Anzahl der Löcher muss eine gerade Zahl ergeben.

Nach dem Lochen muss nur noch das Lederband durch die Löcher gezogen werden. Durch das Zusammenziehen entsteht ein Murmelsäckchen.

Nachwort

Um den Reigen der alten Straßenspiele zu vervollständigen, ist neben den bereits veröffentlichten Büchern «Fadenspiele – Mit Freude Hände und Gehirn trainieren» und «Klatschspiele – Reime und Lieder für flinke Hände» das vorliegende Buch entstanden. Gummitwist, Hüpf- und Murmelspiele sollten in dieser Zusammenstellung nicht fehlen.

Für mich sind Kinder das Wunderbarste und Wertvollste auf dieser Welt. Es vergeht kaum ein Tag, an dem ich mich nicht herzlich über irgendetwas erfreuen kann, was ich bei meiner täglichen Arbeit mit den Kindern erleben durfte. Für mein Leben ist es immer wieder eine Bereicherung, die Welt durch die Augen eines Kindes zu betrachten, mich an ihrem Lachen, ihren Erzählungen, ihrem Spiel zu erfreuen.
Um Kindern eine schöne Kindheit zu bereiten, sind sinnvolle Spiele wichtig. Sie machen Kinder stark für ihr Leben in Verantwortung und Freiheit, sie helfen ihnen, ihre Ressourcen zu nutzen und ihre Aufgaben zu ergreifen.

Wer ein Buch schreibt, tut dies in aller Regel nicht ganz allein. Meist gibt es um den Autor einen Kreis von Menschen, die ihn bei seiner Arbeit unterstützten. Zunächst sind das bei mir die Menschen beim Verlag Freies Geistesleben, insbesondere Maria A. Kafitz. Noch bevor das Manuskript vollständig vorlag, erhielt ich die Zusage, denn es ist ja nicht das erste gemeinsame Buchprojekt – es macht Freude, mit ihr an einem Gedankenfädchen zu spinnen.

Noch nie war es ein Problem, Kinder zu finden, welche die Spiele ausprobieren oder bei Fotoarbeiten mitmachen wollten. Unterstützt wurden wir durch Eltern, die ihre Kinder zu diversen Orten brachten, welche wir für Aufnahmen ausgesucht hatten. Zusammen mit der Fotografin Ramona Lamb-Klinkenberg, die mit ihrer einfühlsamen und geduldigen Art das Projekt begleitete, entstanden viele schöne Schnappschüsse, die die Erinnerung an zahlreiche freudige Spielnachmittage wachhalten.

Und da gab es noch die Kollegen der Freien Waldorfschule Westpfalz in Otterberg, die mir mit Rat und Tat zur Seite standen. Insbesondere die Kunsttherapeutin Annette Thomas, die die Zeichnungen im Buch und die Vorlagen für den Pausenhof anfertigte. Auch bei den Ausführungen auf den Pflastersteinen war sie maßgeblich beteiligt. Zudem wurden wir vom Kunst- und Werklehrer Torsten Diehl und den Schülern der 9. Klasse unterstützt. Danke allen kleinen und großen helfenden Händen!

Danken möchte ich auch Prof. Dr. Alfred Längler, der durch sein Vorwort auch die medizinischen Aspekte der Bewegung beleuchtet. Es ist für uns alle, dir wir mit Kindern leben und

arbeiten, doch gut zu wissen, dass Bewegung Spaß macht, aber auch wichtig für die Entwicklung ist.

Nach dreißig Ehejahren dürfte mein Mann, Reinhard Schönherr-Dhom, wohl der Mensch sein, der mich am besten kennt. In vielfältiger Weise stand er mir immer verlässlich zur Seite, sei es beim Korrekturlesen, bei der Auswahl der Fotos, bei der Erledigung der Hausarbeiten, die manchmal unerledigt liegen blieben, oder auch beim Kochen einer Tasse Tee, die er mir zum Schreibtisch brachte.

All diesen Menschen bin ich unglaublich dankbar. Es ist ein großes Glück und keine Selbstverständlichkeit, von so vielen lieben Menschen getragen zu werden. Die Beziehungen, die so über Jahre wuchsen, sind mir sehr wertvoll und ich nehme sie voller Dankbarkeit wahr.

Quellenverzeichnis

«Das große Buch der Spieleklassiker», moses Verlag, Kempen 2012.

«Die 40 schönsten Spielideen für draußen», Jim Bennet, Buch- und Zeitverlag, Köln ohne Jahr.

«Klatsch- und Hüpfspiele», Elke Gulden und Bettina Scheer, Don Bosco Verlag, München 2013.

«100 bezaubernde Häkel-Minis», Kamuran Simsek, Frechverlag, Stuttgart 2011.

«Die schönsten Murmelspiele», herausgegeben von Susanne Tommes, Coppenrath Verlag, Münster 2003.

«Die Frau, die ihren Mann auf dem Flohmarkt verkaufte», Rafik Schami, Carl-Hanser-Verlag, München 2011.

Christel Dhom
Fadenspiele
Mit Freude Hände und Gehirn trainieren
136 S., mit zahlr. farb. Fotos, geb.
ISBN 978-3-7725-2296-3

Mit nur einem Faden lässt es sich famos spielen – und dabei spielend auch gleich noch etwas für die Konzentration und Motorik tun. Christel Dhom hat über 30 der beliebtesten Fadenspiele zusammengestellt und ergänzt. Sie erklärt nicht nur Schritt für Schritt die einzelnen Spiele, sondern auch deren hilfreiche Wirkung auf Kinder unterschiedlicher Altersstufen sowie ältere Menschen. Und wie man sich verschiedene Fäden mit den eigenen Händen selbst herstellen kann, das wird natürlich auch gezeigt!

Verlag Freies Geistesleben

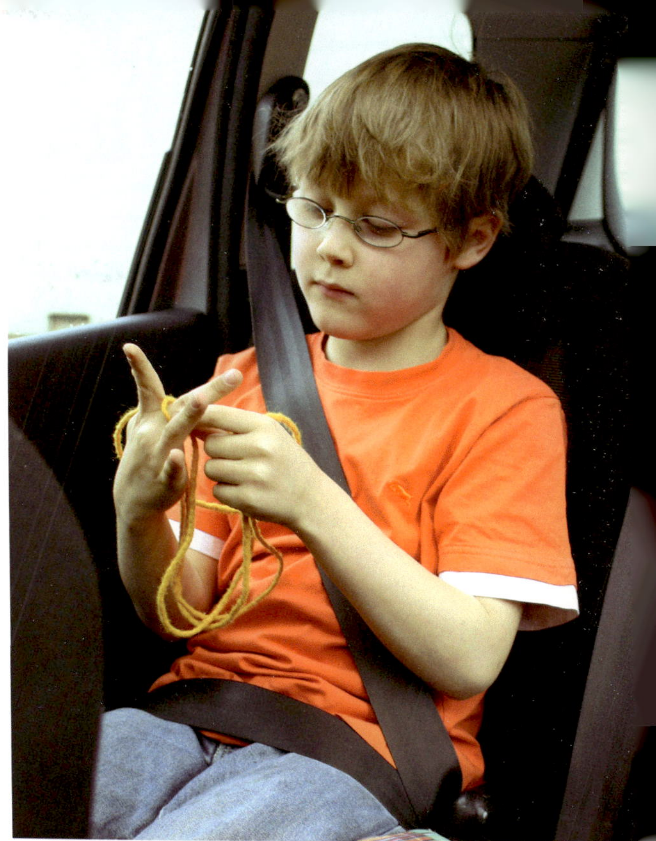

Christel Dhom
Klatschspiele
Reime und Lieder für flinke Hände
173 S., mit zahlr. farb. Fotos, geb.
ISBN 978-3-7725-2644-2

Spiele verändern sich, manche aber bleiben immer aktuell: Klatschspiele gehören dazu, denn sie verbinden das natürliche Bedürfnis von Kindern nach spielerischer Herausforderung und geselliger Freude.
Ob allein, zu zweit oder in der Gruppe, ob Anfänger, Fortgeschrittene oder Könner – im Buch von Christel Dhom werden alle fündig. Dass diese Spiele zudem die Feinmotorik und Sprachfähigkeit fördern, lässt auch Eltern und Pädagogen begeistert in die Hände klatschen!

Verlag Freies Geistesleben